古代獄中的神廟

探源・考究・解密

張建智・著

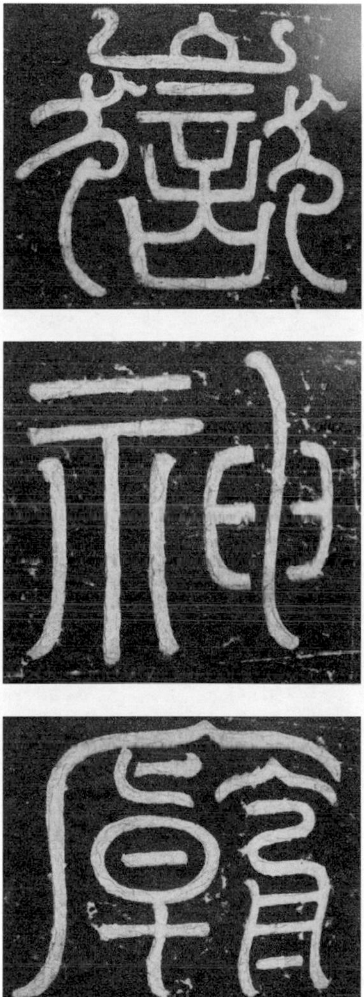

河南內鄉獄神廟。

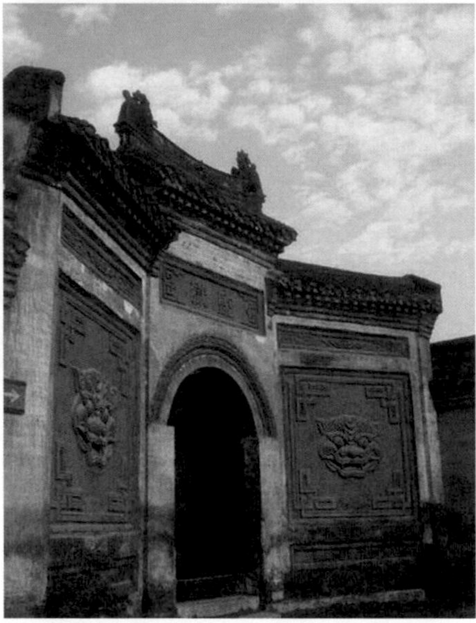

內鄉縣的監獄大門。

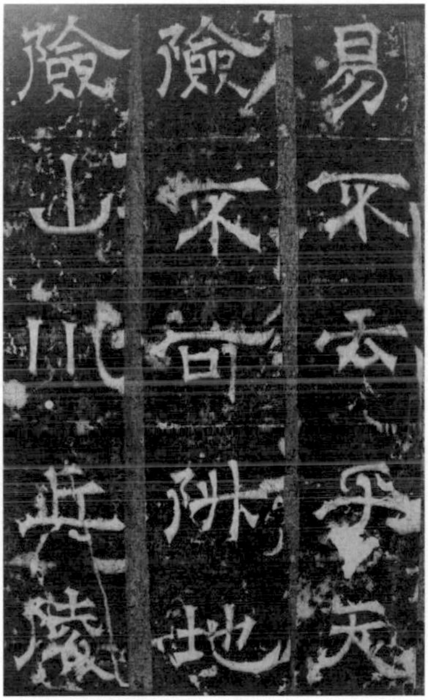

左：華獄頌帖。
右：北周獄神華山碑帖。

北周西嶽神廟字帖。

序

曾彥修

湖州張建智君約一年前寄來《中國神秘的獄神廟》稿，並命我為此書寫一序言。我乃一竅不通之人，而張君則博聞強志，熟讀各類書文，用功之勤，令我吃驚，無奈盛情難卻，終不能不拜讀此稿，並塗此贅語。

張君此稿，寫法特別。全書（或全文）共八十小段，不置章節，全以隨筆方式出之，夾敘夾議，看起來不易枯燥（當然，用此法，難免有些離題頗遠的文字。）

此書的最大特點，是全有資料根據，上自《尚書》、史漢，下至《蘇三起解》、吳語（不甚入流的）小說《果報錄》中至《紅樓夢》脂批、關漢卿劇作等均在內。讀時倒頗有如入山陰道上，應接不暇之感。

以我之愚見，本書的最大貢獻，是做了一件拾遺補缺的工作。中國關於「獄神廟」的零星資料雖散見不鮮，但從無人對此事作系統研究與介紹，張君此書則補了這個缺漏。雖非歷史巨著，但比哄搶熱門，胡編瞎造的厚書要好。我以為，補一缺門比在繁錦上再添一朵紅花恐怕要好些。這是史書，不大像。是雜史之一種，有點像；是民俗學之一種，也有點像。總之，補了一個缺，就是好事。此書的內容，據愚見可分為三項：一是獄神廟史；二是獄神廟的作用；三是我個人著重的，書中提及的事在客觀上反映了《紅樓夢》原稿遺失或未刊部份恐怕大有價值，非現存高鶚的後四十回可能望其項背。

歷史方面，作者引經據典，監獄中有「獄神廟」之正式設立，起自後漢，而設於獄中，凡獄吏獄卒，尤其是犯人，均須崇祠此神。這當然也是人造雜神之一種，其產生還在中國道教正式形成之前。按某個系統，有財神、火神、灶神、土地神、掃帚神、扁擔神、筷子神、豬圈神等等，不可勝數，名目之多，可以隨時增設。獄神，自然也是這種「克隆神」之一種，不過它的歷史頗老罷了。據本書考證，此種克隆神之出現，還在道教正式形成之前，看來比財神等的資格都要老。東漢時，這個獄神是皋陶，他同帝禹一樣是傳說人物，因職掌刑獄之官，公正不阿，被傳頌為傳說中遠古時代的著名賢人，後又與禹同事，帝禹本擬薦他繼為部落之長，但皋陶的地位是很高的，把這樣一個大人物奉為獄神，當然是很會找祖宗的。

這位皋陶，看來似乎是包公之前古代傳說中一個大包公了。把獄神附到他的名下，似乎是要證明封建時代的獄事都是公正無冤似的。據本書作者研究，第二位的獄神則改為「蕭何」了，因此，獄神廟又稱為蕭王廟、蕭王殿等，這個更改是在五代時期云云。為何要更改，似乎還說不清。最有趣的，是在明末清初有些地方又將獄神改為廣東增城縣獄中的一個獄吏或獄卒了。因此人對囚犯有超人德行，冒死同情了一次獄囚，後竟經上司批准，改獄神為他的名字了（名字難寫難刻，此處略去，正文中有）。這是一件大奇事，可見民間甚至少數清官還是崇尚有德之人的，不能不說這是一件值得大書特書的事。

此書的第二個重要內容，是較詳的說了獄神廟的作用。獄神廟即在獄中，另行獨立成小院。比囚禁犯人的監房要好的多，也可改作獄中的優待室。其作用有二，一是大官吏或有大身份的人入獄時如無御旨或權奸密令虐待者，往往無條件先送到獄神廟中優待著。也有某些清官明知入監人純為冤枉者，雖非富貴之人，也令押入獄神廟中使之少受罪。當然，多數是使用銀兩賄賂獄卒後才得以被安置在獄神廟中的。作者舉了一例，一個權勢富家與有夫之婦通姦，又共同殺死姘婦之夫，案發後，用鉅款賄賂，主犯竟能將姘婦及四個侍女同帶入獄神廟中淫樂。因此，獄神廟實為縣官特別是獄吏們的一大貪污來源。看看本書，可以更多一點地懂得封建社會中吃人的禮法統治的黑暗一角荒唐到了何等程度。

第三是屬於我個人的感覺，可能完全不妥。本書在文中引用了多次《紅樓夢》的「脂批」，該「脂批」多次提及獄神廟，並說賈寶玉，王熙鳳以至幾個小丫頭均曾住過獄神廟，即在監獄中待過，而現存的紅樓夢後四十回並無這些內容。我以一個外行人的身分直覺地感到，曹雪芹的原稿是寫了這些內容的，這就比現在的紅樓夢的跌宕幅度大多了。這就是說，曹的原稿的情節、場面還要複雜、豐富、曲折以至宏偉得多（元春回大觀園省親之類只能叫做排場上的宏偉，而不是藝術結構上的宏偉。這一點，我們今天的不少影視及所謂晚會之類，從舞臺上看到的並不是群鶯亂飛，而是鈔票亂飛，一味的鋪張豪華加人海戰術罷了。越是這樣，藝術就越退到無足輕重甚至負面的地位，即糟踏藝術）。因此，從「脂批」反覆強調寶玉等人曾在獄神廟待過，越使人猜想曹公原著的結束部分一定是十分精彩的，比現在動人許多倍的。

因此，這本書是值得一讀的。但我不學無術，說不出個道理來，僅是贅語。

於北京芳園不學齋

目次

一、遍覓遺蹤

那年，讀《知堂回想錄》，往往讀到深晚一二點鐘。書分小節，老人娓娓談來，文采也好，隨意自然，樸實真切、確吸引人。其實，從一九六〇年起，此書在香港《新晚報》連載，我偶爾也有機會讀到一點，但讀的零碎，不完整。有些周家軼事，在魯迅文中，亦能讀到，但一些細節，還是不知其來龍去脈。如晚清時，周氏家族在紹興的發展史，魯迅祖父周福清，所涉科場案，當時，究由蘇州知府王仁堪辦，還是由杭州府署插手查辦？這些事，很難在他人筆下讀到。

這部回想錄，讀得最有味，懸揣不下的，是書中第二十五節前記載的東西。而到了二十六節《逃脫》和《夜航船》之後的事，大抵可在周氏三兄弟已出版的其它書中讀到。

而對於我最感興趣，抑或對我的研究最有價值的，那是第十四節《杭州》，還有十五、

十六、十七節，即寫到《花牌樓》的那幾節。其中，知堂老人有一段話：

我們住的地方是在杭州花牌樓，大概離清波門頭不很遠，那是清朝處決犯人的地方。這裡並無什麼牌樓，只是普通的一條小巷；走一點路是「塔兒頭」，多少有些店鋪，還有一所銀元局，它的大煙通是近地都能看得見的。這地點的好處是離開杭州府署很近，因為祖父便關在杭州府的司獄司裡，我每隔三四天去看他一回，陪他坐到下午方才回來。祖父雖然在最初的風暴裡顯示得很可怕，但是我在他身邊的一年有半，卻還並不怎樣。他的發起怒來咬手指甲，和畜生蟲豸的咒罵，還是仍舊，卻並不對於我生氣，所以容易應付。等到辛丑年遇赦回家，卻又那麼的苛刻執拗起來，逼得我也只好逃往南京，尋找生路。當時他的日課，是上午默念金剛經若干遍，隨後寫日記，吃過午飯到各處串門，在獄神祠和禁卒聊天。

當年，魯迅祖父周福清是朝廷重犯，而那時光緒皇帝，正下決心大力除弊，加重刑法，所以朝廷認為周福清案，應該重辦，因批覆：「為斬監候，秋後處決，以嚴法紀，而儆效尤。」

正如周作人所回憶，「祖父在最初的風暴裡顯示得很可怕。」確實如此，當時，「周家遭此打擊，每年都驚恐不已，賣田行賂，以求周福清免死，慢慢敗落。少年魯迅和周作人，也即往皇甫莊、後轉小皋埠，到舅舅家避難，曾被人譏為『乞食者』。周福清則於一八九五年陰曆九月十八日，上諭免死。」我們說，魯迅日後的性格特徵，少不了有這段時間的磨練。

周作人陪祖父消磨時光的地方，是清朝處決犯人的地方。地點在離清波門頭不遠的花牌樓，這一帶當年雖離市中心較遠一些，但這裡離杭州府署很近，而關押之地，就在杭州府的司獄司裡。

據周作人回憶的花牌樓，那時已經沒有了牌樓，這裡卻聳立著一座座市房，臨街而立，牆門內是狹長的一個兩家公用的院子。那時，與他往來的，都是些可憐的婦人，如女僕宋媽、三姑娘、包括他祖父從北京帶來的潘姨太太。

回憶錄裡，寫到了「獄神祠」三個字，即是中國的「獄神廟」。周作人一代人，還能看到在中國持續了二千多年的這個「特殊遺跡」。

當年，杭州的「獄神廟」建在那裡？知堂老人講到，是在「杭州府的司獄司裡」。這個地方，相當於現代的公安局裡。關押犯人的監獄，也設在這裡邊。

但令人奇怪的是，少年的周作人，每隔三四天，可以去那裡看他祖父一回，而且還可在那裡陪祖父「坐至下午方才回來。」更奇的是，當重犯的孫子不去看時，祖父還可念念《金剛經》，「隨後寫日記」，以消磨獄中那寂寞的時光。更令人驚詫的是，曾是「斬監候」的重犯周福清，可以到各處串門，可以「在獄神祠和禁卒聊天。」

就是說，犯人可以自由地、特殊地享受這些待遇。當然，這樣的待遇，必須是在「獄神廟」裡才有。並非是每個犯人，均可享有這樣的待遇。

當時，周作人已經寫日記了，有日記為憑。他祖父的入獄時間：「癸巳年入獄，一直就在杭州。」就是說，入獄的時間，是一八九三年。

魯迅祖父周福清，後於一九〇一年四月九日，經同年進士薛允升（清末著名法學家、時任刑部尚書）上奏，依照庚子年刑部關於在獄人犯，悉予寬免的條例，獲准釋放回家。如此在杭州監獄關押了八年，才回紹興。

至一九〇四年七月十三日，魯迅祖父，在紹興家中去世，終年六十八歲。紹興的周氏家族，從此家道中落，衰頹敗落。

於此，我們可考證，在一九〇一年四月九日前，杭州府署衙門，還有「中國獄神廟」的存在，這是無可置辨的實證。

二、夏始作刑

大而言之，中國的獄神廟，名義上說是一種廟宁，但應區別於中國佛教文化沿革而來的範疇。它，是一種建在特殊區域，且因地點的特殊性，絕非尋常百姓可隨心所欲瞻拜的佛廟。自東漢末，印度佛教傳入中土後，在中國廣袤的大地上，建有各種各樣的佛廟，南北朝、唐宋以降，可謂大興土木，到處建廟。人多的地方，廟多，人少的地方，廟少。

在中國大地上，神廟之多，即使是個三家村之地，最少，也有一座土地廟的存在。據說，現在全國各地的小廟小庵，到處林立，無法數計。據梁衡先生有一文談到，他有一次上華山，在一些山坳裡，為得旅遊者的香火錢，山上人家，就開個小門，起個名兒，立個牌，即是一座小廟了。

中華民族，是個多神崇拜的民族，泛神論廣為流行，從人到飛禽走獸、草木蟲魚、花卉百草，都能成為神。「三百六十行，行行出狀元」，卻各有一個行業神，人們為之建廟供祀，也隨時進香朝拜，這些林林總總的神，在各處出現。

而唯獨「獄神廟」，絕大多數人，終生不得一見。顧名思義，這樣的廟，必建在中國神州大地上，是各地都有的監獄中的廟。因監獄本身就是個非常特殊的地方，所以，在所有千千萬萬的廟宇中，數它對整個社會層面的影響最小。

獄神廟，因為過早地一下子消失在大地上，乃或沒有留下一點什麼東西，可供人考證，也沒有一點什麼遺跡，引起人們對它的注意。因此，就顯得格外神秘，它確與其它遺跡不同。

凡世界上，所有古人類、古建築、古墓葬、古石器等，大都可被發現，那怕幾萬年、幾十萬年前的東西，隨時隨處可被挖掘出來，讓人們考察研究；但就是這伴隨監獄的發展，而出現的神廟，雖曾遍佈各地，卻了無痕跡留下。所以，長期以來無人問津。

中國自秦始有「郡縣」制度，凡郡縣一級的行政單位，都有監獄的建立，這已延續了二千多年。我曾追尋許多縣一級建過監獄的地方，都落了空，沒有一處留下獄神廟的遺跡。就連一塊碑石磚瓦，可資佐證的殘跡，也無法尋覓。

我查了《中國佛教寺廟大詞典》，也翻閱《中國神話傳說詞典》，以及其它各類辭典，都未列入「獄神廟」這個條目。

這是一件奇妙的歷史聞錄，但是，獄神廟在中國歷史上，確實存在了二千多年，這是不可抹去的。

我實地作了些調查，尋找眾多資料，翻閱許多圖書館的資料，有關國內「獄神廟」的文字，雖有一些，但出奇地少。如果作為一個課題，深入研究，也恐怕很難講清。

世上不存在的東西，總是神秘的。有關獄神廟的故事，總密密麻麻充塞在歷史的隙縫中，因此，姑且讓我們沿著歷史的陳跡，去復原歷史的真面目，還原那很少有人關注的歷史場景。

關於「獄神廟」三個字，對於中國漫長悠久的歷史，還得從監獄、刑典、解字、中國戲劇故事，等等談起。因為，它是特殊神廟，離不開扯不斷這方面的歷史記錄。

中國歷史上建立第一個王朝，約在西元前二千二百年左右。夏王朝之崛起，原只是一個部落聯盟的名字，後這個部落聯盟由夏後氏、有扈氏等十二個姬姓的氏族部落組成，爾後，才成為王朝的稱號（翦伯贊《中國史綱要》）。

雖然，「疑古派」代表人物顧頡剛先生，曾認為「禹是九鼎上鑄的一種動物——蟲，或是南方民族神話中的人物，並非歷史的真實人物。」但許多專家論證後得出的結論：「堯、舜、禹時期，洪水災害，是真實發生過的。」那麼，至於大禹用何法治理當時的洪水，就並不重要，這倒從另一個側面，反映了夏王朝的存在。其實，夏人已經懂得開通溝洫、排洪泄澇，掌握了灌溉和天文的知識。

從歷史記載看，夏部落主要生活在今河南嵩山到伊水、洛水這一帶，還有山西南部，也是曾經活動過的地方。至今在人們心中，夏禹是大家念念不忘的古代治水英雄。他治了水澇洪災；在治水之中，他曾說，若有一人因澇而死，就是他的責任。故司馬遷說：「禹抑鴻水，十三過家不入。」（《史記》二十九《河渠書》）。可見其艱苦負重的精神。

於是，那時人民擁護他，因其促進了當時農業生產的發展，從而奠定了禹為部族聯盟的首領地位。之後，禹對三苗的戰爭又取得勝利，將其驅趕到了今湖北之西與河南交界處的丹江與漢水流域，從而進一步鞏固了自己的王權。

當時，夷、夏，諸族首領，臣服於夏王朝的統治，爾後，就成為維護王權的世襲貴族。故有「禹合諸侯於塗山，執玉帛者萬國」，正是後人追述夏王朝建立統治集團聯盟時的一個場景。

中國歷史上第一個世襲的王國產生了。禹是個關鍵性人物。當時許多部落，服從夏禹的統治。中國氏族家長制的統治，也從此開始。誠如郭沫若所說：「部落不再由選舉產生，世襲的國王、中國氏族家長制出現了。」

夏代的世系，從夏禹建國到夏舛被商湯所滅，史稱「夏」。其統治時間在西元前二十三或前二十二世紀。夏之滅亡，從孔甲時起，王朝因內部矛盾日益激化，而開始走向衰潰。《史記．夏本紀》說：「帝孔甲立，好方鬼神事，淫亂，夏後氏德衰，諸候畔之。」還說：「夏舛不務德而武傷百姓，百姓弗堪。」（《史記．夏本紀》）

這裡說到的「不務德而武傷百姓」，是中國刑法思想產生的一條重要線索，也可以說是中國專制政治的發端。於是首先想到的，是如何鎮壓奴隸與平民的不滿，故「武傷百姓」就成為必然，也成了統治階級鎮壓百姓的必然手段。「百姓弗堪」，即被壓迫者的反抗鬥爭，同時產生。

於此，「時日曷喪，予及汝偕亡。」說明了被統治者與統治者之間的鬥爭，到了一定時間，總趨於白熱化程度。

血腥的鎮壓於此誕生，歷史上就有了見於古籍所載的歷代傳說「夏有亂政，而作禹刑」。中國有《尚書》（尊之為《書經》），最早的一部歷史文獻彙編，其中就有一篇《呂刑》，曾寫道：「苗民弗用靈，制以刑，惟作五虐之刑，曰法。」

這是說，從禹始制定了殘酷鎮壓人民的刑罰。「苗民窮刑法」，還記載：「殺戮無辜，爰始淫為劓、刵、椓、黥。」

這便是中國酷刑的產生。當然不只是對苗民，對其它被壓迫者，同樣如此。

中國歷史上的酷刑，長達幾千年，直至清末修律大臣沈家本，提出改革舊法，創立新法，到了一九〇八年，才遂漸被廢除。其實，名義上乃或名詞上，是被廢除了，實際還在延續地進行。

這篇《尚書・呂刑》上，還有幾句很重要的對話記錄，如「今爾何監？……其今爾何懲？惟時苗民匪察於獄之麗……。」還說，「觀於五刑之中；惟時庶威奪貨，斷制五刑，……獄成而孚，輸而孚。其刑上備，有並兩刑。」（《尚書・呂》）

「夏始作刑，以其為端」，從那時代開始，中國歷史上，具備了以國家機器實行「監獄」之發軔。才有了「獄」的起源。

我想，歷史上真正實行的監獄制度，有文字作證的，從文選上講，古代的《尚書》，為我們留下了這樣點滴的記載。

三、奠基坑的人骨

對中國第一個王朝，即對夏王朝的研究已有不少成果，但也有不少意見分歧。一個重要的原因，是歷史學者的學術理論與不斷被挖掘出的考古器物，乃或各具人骨的出現，從而對當時的政治、經濟、法律，以及夏王朝思想的性質和演變，就有了眾說紛紜的解讀。比如，在登封王城崗龍山文化晚期的城堡內，人們發掘出十餘個「奠基坑」，發現在這些坑內的夯土層之間，皆有一些成年人或兒童的骨架。我想，無論哪派研究者，很難否認這一發現的事實。

這一帶的發現，有關於黃帝的傳說，所以古城寨一經發現，即分別被指認為「黃帝軒轅丘」或「祝融之墟」，亦為黃帝集團中大隗氏的居所，等等，不一而足。因其早於新砦和二里頭，考古學者推定其與王城崗、瓦店、新砦一道，屬於「進入夏紀年的夏代早期重要城址之一」

據考古學者說，登封王城崗，面積達三十餘萬平方米，其築城工程，需十幾個聚落組成的小部落集團，方可完成。因此，認為這類城邑，如不具有廣大地域的社會動員能力，則無以為之，以及由此斷定它們應屬夏王朝都城。

最近，考古學者，又發現這些「奠基坑」，係將廢棄的灰坑，用夯土填實，西城不足一萬平方米的小城內，曾發現埋有人骨的奠基坑，共有十三座，坑內人數不一。

一個奠基坑的夯土層內，有七具完整的人骨架，顯然係非正常死亡。有的坑中，則埋有被肢解下來的人頭骨、肢骨或盆骨，這些死者中既有成年男女，又有兒童。

對於這樣的發現，到目前為止，大致有二種解讀，一是認為這些人骨的存在，是在集團衝突中擄掠來的戰俘。一種認為是反映了當時各集團之間矛盾的激化和戰爭的頻繁；表明這一時期的社會，處於急遽的動盪狀態。即是各聚落群集團之間正常的軍事衝突所造成的。

但是，這些遺存「奠基坑」的人骨，有的是「被肢解下來的人頭骨、肢骨、盆骨」。另則，還有「七具完整的人骨架」；「死者中既有成年男女，又有兒童。」如果從這三項條件看，決非一般的或常規的軍事衝突所致，也絕非部落之間正常戰爭的結果。

我們說，無論在黃帝時代，還是在夏王朝，甚或於商代，中華民族對於人的身軀，總注重安埋；所謂「入土為安是也」。當然，也有其它民族注重各種方法的處理，如讓鳥類動物吞吃等方法。但這些奠基坑中的人骨，身首異處，有的全軀肢解，有的棄置於灰坑之中，很明顯都屬於非正常死亡的埋葬。

奠基坑人骨的出現，與當時夏王朝已經有了監獄制度，不無關係。因為當時的監獄設置，就是像「奠基坑」那樣的一個地下土坑。而關押在土坑中的囚犯，隨時可被用刑。

如今我們發現，中國早期法律文獻中，使用刑的概念比使用「法」的概念更加普遍。這從「漢字結構上的形象特點可尋覓：如在『刑』字的字形構成上，就用了一個「刀」字。這是說，對於被征服者，包括一切囚犯，可以隨時實施閹割、割腿、割鼻子等刑罰。」（《中華帝國的法律》江蘇人民出版社，一九九八年三月）

《尚書》中的《呂刑》，就有這樣的話：「苗民弗用靈，制以刑，惟作五虐之刑，曰法。」這說明了當時很多無辜的人民，被人任意殺戮的情況。

寫此，忽想到魯迅在《病後雜談》中談到這種慘無人道之虐刑，一直延續到明清時代之現狀。他寫明代一部叫《蜀高抬貴手》的書中，張獻忠對人施虐刑的記載：「施剝皮者，從頭至尻，一縷裂之，張於前，如鳥展翅，率逾日始絕。有即斃者，行刑之人坐死。」魯迅當時不禁感慨：「中國人怪得很，固有的醫書上的人身五臟圖，真是草率錯誤到見不得人，但虐刑的方法，則往往好像古人早懂得了現代的科學。」他還說，「大明一朝，以剝皮始，以剝皮終，可謂始終不變；至今在紹興戲文裡和鄉下人的嘴上，還偶然可以聽到『剝皮揎草』的話，那皇澤之長，也就可想而知了。」說到此，的確「那皇澤之長，至今還在延續。」

再說，曾被孔子讚美的夏王朝，把犯人隨押、隨關、隨意處死在土坑中。戰爭時，奠基坑完全成了流動的用刑處。也許，今後的考古工作者，還會在其它地區，發現中國早期監獄的狀態，即一如奠基坑中挖掘出來的人骨。

當然，「禹刑」頒布初期，可能主要是針對鎮壓不臣服的三苗的。三苗被征伐後，戰俘被羈，大都處死，極少數進了監獄。當另一場戰爭開始，為流動方便，有的就在監獄中被處死了。這使人想起王實味，也是在抗日戰爭開始，部隊急於流動，被砍死。當然，也有極少數成了奴隸，那時被稱作為「牧豎」，或為「臣妾」。當然，這被禹王朝軍隊所征服的「三苗亂政」者，也有大夫級的奴隸。這種大夫級戰俘，可能就面臨著禹刑的逼供、上酷刑、肢解骨，最後的結果，就是現今所發現的，王城崗夯土城牆堡裡，那土監獄中，處死人骨的再現。

試想，如果不這樣，禹王朝能建立起來嗎？所以，我們可以說，沒有文字記錄的，從而證明了「始作禹刑」的，即是今日考古者發現的，一如奠基坑臨時監獄裡，被處決的犯人。

幾千年來，那沒有了血的一具具人骨，代替並證明了文字的記載。因為，那時實行的監獄，還未有文字的記錄，直到夏王朝禹第八代子孫「帝芬」年代，才慢慢開始有了部分的記錄。

四、獄，以及人同鬼之間的代言者

我們說，堯舜時代有「禪讓」的傳統，歷史上的堯傳位於舜，舜傳位於禹，都是「傳賢而不傳子」的時代，沒有把權力與王位傳給自已的兒子。比如舜到了晚年，發現禹有治洪水的能力，對當時人民的生活、生產有推動作用，就讓賢把權力交給了禹。而到了禹的時代，眾人先是推薦皋陶，皋陶死後又推薦伯益。但最終禹卻把權力交給了自已的兒子啟，暗中還培植啟的勢力。

世襲國王的出現，使原始部落的「禪讓制」遭到破壞，於是有了「家天下」的夏王朝。孔子所以說「大道既隱，天下為家。各親其親，各子為子，貨力為己，大人世襲以為禮，城郭溝池以為固，禮義以為紀」從此，「故謀用而作，而兵由此起」

如此，有了「貴賤等級、充滿暴力、你爭我奪、爾虞我詐」的社會。於此，使我想起《述異記》上曾說的，朝歌有獄台，相傳為禹逼舜之宮。此在《韓非子》上也有說：「舜逼堯，禹逼舜。」這些議論，非空穴來風。

而歷史上所稱「禹刑」，就在這時應運而生。這是我國歷史上第一部奴隸制法典。夏代雖已有了監獄之實，卻還沒有監獄實在之名。

錢穆先生曾說：「現在講比較可靠的古史，姑從虞、夏起。唐、虞時代的情形，決不能如尚書堯典所記之美盛。大抵堯、舜、禹之禪讓，只是古代一種君位推選制，經後人之傳述而理想化。」

這句話非常精闢，使我們幾千年之後的人們，看到了歷史的真面目。

隨著階級的發展和奴役異部落的需要，夏朝，逐漸形成了一個行政機構和官僚集團。實際上，夏禹的作為，部分是經後人理想化了，另則他也蒙蔽了一些人的眼睛，連司馬遷也沒看清他後面的動作。

《世本》稱：「夏後氏百官」。《禮記・明堂記》記載了「六卿、牧正、庖正、車正」等官職的名稱。《尚書・立政編》還將夏代官吏，分為三大類：宅事（中央官）、宅牧（地方官）、宅准（祭祀官）等。而且認為三宅之官位，是夏、商、周三代相沿的制度。

這個官僚集團的總頭子，便是夏王，第一個夏王便是禹，禹本是「禪讓制」產生出來的部落聯盟的首領。那時，由於生產的分工、交換關係的發展和大量戰俘當作奴隸使用，以及私有財產和私有觀念的形成，氏族、部落、部落聯盟首領的權力，都在日益擴大。為了鞏固權力，擴大勢力，禹曾在今安徽蚌埠西郊的塗山和今浙江的會稽，大會夷夏諸部落的首領，「禹合諸侯於塗山，執玉帛者萬國」（《左傳》哀公七年）。

「禹朝諸侯之君會稽之上，防風之君後至，而禹斬之。」（《韓非子・飾邪》、（《國語・魯語下》）。古防風國，在今湖州德清縣三合鄉的封山、禺山間。這裡，也是紅學家俞平伯先生的故鄉。而防風國王汪芒氏，是夏禹時代的一個諸侯，或說是一個部落的首領。周慶雲先生曾說，「德清武康，夙稱著邑，夏之防風氏，則建國於封禺之山。」（《莫干山考》）

防風氏和大禹一樣也是一位治水英雄，當時的太湖流域經常洪水氾濫，淹沒農田和民房，防風氏帶領百姓抗洪防災，修堤壩，挖水渠，他以身作則，不辭辛勞，受到了當地老百姓的敬仰和愛戴。

當時參加會議的，要「執玉帛」向禹進貢，遲到的要被殺頭，說明禹此時由一部落聯盟首領，蛻變為事實上的專制國王，所以一般論者把「塗山之盟」，看作為夏王朝建立的標誌。

禹死後，其子啟繼位，用武力剪除了維護「禪讓制」的伯益和有扈氏。在首都陽翟鈞台（今河南禹縣北門外）舉行了盛大的享宴，招待眾多的氏族部落首領。所以「鈞台之享」的歷史情景，意味著眾多「諸侯」，漸漸屈服於世襲王權的統治。

中國歷史上「父傳子、家天下」的局面正式確立，後經「太康失國」、「少康中興」，乃曆三、四代人，一百多年時間，中國歷史上的第一個奴隸制王朝，才穩定下來。

夏代初步形成了國家，那些反對它的部落，遂被殘酷鎮壓、剿滅，並遂制訂出最早的刑法。因為有了刑法，也有了監獄。

按竹書紀年，夏王朝至帝芬三十六年作「圜土」。芬是少康的孫子，是啟以後的第七位夏王，這時，階級矛盾和統治階級內部的矛盾，都非常尖銳，芬作圜土，就是以此囚禁反抗者。「皋陶造獄」，謂此也。既囚證未定，獄事未決，繫之於圜土，因圜土亦為獄（沈家本《獄考》）。

古代「夏」「土」同音，殷商人經常稱夏人為「土人」「土方」。「圜土」，是夏王朝囚禁人的地方。也是中國最早的「監獄」的雛形。那是用土、石，築了一個圍起來的土城堡，《爾雅・釋名・釋官》稱獄：「又謂圜土，築其表牆，其形圓也」。說明中國最早的監獄，其形狀是圓形的，用土牆圍起來的，將犯人羈押在裡面。

據說，夏在都城陽翟，設有「均台」，當時，還設有中央直轄的監獄。所以「均台」也叫夏台，相傳夏桀曾把商的首領湯，囚在夏台。

所以「均台」和「夏台」，都成為夏朝監獄的代稱或別名。稍讀歷史，都知道「文王囚於羑里」的故事，因商紂王將文王囚禁在羑里，所以，當時監獄之名，又稱之謂「羑里」。

我們常說，商代統治者非常迷信，甲骨文基本上是商王朝統治者占卜的紀錄。如十天之內，會不會有災禍、會不會下雨、農作物有否好收成、打仗能不能勝利？該對哪些鬼神進行什麼樣的祭祀？以至於生育、疾病、做夢等等，都要進行占卜，以瞭解鬼神的意志和事情的吉凶。

其實，夏王朝統治者，同樣非常迷信鬼神。遇有天災人禍，便認為自己因不恭不敬而遭「天」和「神」的懲罰，從而逐漸形成了天神合一的原始宗教意識。宣揚「王權神授」，把殘酷殺戮和任意懲罰囚犯的行為，說是「奉天罰罪」，或「代天行罰」，以借天意，來強化王權的合理性。

高舉「天命」「神授」的大旗，增強了許多神秘色彩和威懾力；為其殘酷統治和鎮壓，披上了一層宗教的衣衫，同時為其鎮壓和刑殺，提供了最好的解釋。

夏朝，開啟了教育感化囚犯的先河。根據有限的資料顯示，夏朝監獄在對待囚犯，特別是「政治犯」時，常常採取「幽閉思愆」的政策，因而「幽閉思愆」同「代天行罰」及「宗法禮治」，這三者合而為一，成了夏朝統治思想的基礎。可以說，這三者合一的思想統治，在中國延續了幾千年時間。

《風俗通義》載：「周禮：『三王始作獄。』夏曰『夏台』，言不害人，若遊觀之台，桀拘湯是也。殷曰『羑里』，言不害人，若於閭裡，紂拘文王是也。周曰『囹圄』，囹、令，圄、舉也，言令人幽閉思愆，改惡為善，因原之也。今縣官錄囚，皆言舉也。」

夏台，原本是夏桀遊樂的地方，有別於一般的監獄。以後隨著奴隸主統治者對廣大奴隸和平民的殘酷鎮壓、統治的加強，人數的增加，才逐步將夏台，改作囚禁人犯的場所，在這裡感化在押囚犯的思想。

《史記》有夏桀囚湯於河南禹縣，令其思過，限制其活動自由的記載：「帝桀之時，自孔甲以來而諸侯多畔夏，桀不務德而武傷百姓，百姓弗堪。乃召湯而囚之夏台，已而釋之。湯修德，諸侯皆歸湯，湯遂率兵以伐夏桀。桀走鳴條，遂放而死。後桀懊悔不及，對人說：『吾悔不遂殺湯於夏台，使至此。』」

為了征罰又能起到改造囚犯的作用，夏王朝開啟了：「獄，以及人同鬼之間的代言者。」所謂「有夏服天命」，「率民以事神，先鬼而後禮」，「尊天事神」，「帝立子生商」。夏開啟後，殷亦如此。故《禮記》上，曾有說：「殷人尊神，率民以事神，先鬼而後禮。」

從各類文獻看，那時還未造出一個「監獄之神」，但已有了專事於同鬼神之間的代言者，於此，就出現了「巫」這個角色登場。也就是今天《周易》中記載的「貞人」。那時代的統治者，能借用的手段，只有用上天、鬼神來恐嚇欺騙被統治者。而借用「獄神」來統治，尚未發明，還輪不到他們頭上。

當然，借用「幽閉思愆」，以統治人的思想，實已具備欺騙、恐嚇乃或創造了一個「監獄神」的先兆。

五、獄，古代人作地窖

聞一多先生在《周易義證類纂》裡，曾說到：「古獄鑿地為窖。」其實，依文獻上說，是於地下挖成圓形的土牢。初學記獄第十：《春秋・元命包》曰：「為獄圓者，象斗運合。」宋均注曰：「作獄圓者，象斗運也。」』這挖在地下的土牢，若我們從三維空間立體地瞧去，就像一隻量米的斗，很形象。這量米，稱「斗」的工具，民國時期，家家戶戶還在使用。當然，那時的大戶人家用斗較多，小戶人家大都用「升」作為工具。

我想，周文王被商紂王關押之處，也許就是鑿在地下的窖。這可讓囚犯不易逃跑，又可讓外界無目標可見。再者，還可讓被羈者，過上一種暗無天日的日子。這是古代帝王想出來的一個好辦法。文王被拘，處在這樣的時候，他也只能推八卦、演《周易》了。

這簡單的窖，被當成關押囚犯的監獄，可以想見，商代至西周前期的這段時間，肯定無正式的監獄可見。但那「鑿地為窖」的監獄，比那以往簡陋的地上的土築，那牆形、形圜的羈押所，在監獄史上，無疑又是另一番情景了。據史載，國外那個時期，庶幾把寺廟，地窖，塔宇等，也用作監獄。但他們當時有規定，只能作羈押點，不能在那裡用刑。

《詩經》中有一句詩：「哀我填寡，宜岸宜獄」。這「岸」字，左傳說：「岸，訟也。」箋云：「仍有獄訟之事。」從這層意思看，也還是圍繞一個「獄」字，生發出了許多的事情。韓詩還作「稈」。陳喬樅（清）《韓詩遺說考》說：「犴，毛詩作岸。」此以岸為犴之叚借。說文：「豻或從犬，作犴。」鄉亭之繫為「稈」，朝廷曰「獄」。「汗」也作「稈」。

這些古代監獄史上的專用名字，今天已少見了。胡承珙曰：「犴、獄字皆從犬，取犬所以守意。毛傳訓岸為訟者，訟為訟繫，獄則讞成，故韓詩以鄉亭、朝廷分屬之。」又《魯詩遺說考》：「周官射人注，豻讀如『宜豻宜獄』之『豻』」。韓詩認為「犴，豻、犴」三字，本義相同。其差別，只是當監獄建在那個區域的不同而分之。（見沈家本《獄考》）

「豻」是一種動物，是胡地之犬。據說，似狐而黑身，長七尺，頭生一角，老則有鱗，能食虎豹，異常兇猛，因為是野犬，所以要把它關押起來，這便出現了與「獄」字的聯繫。也引申為「獄訟」之事。顏師古注說：「獄之言埆也，取其堅牢也。字從二犬，所以守備也。」

段玉裁又說：「召南傳：獄，埆也。埆同確，堅剛相持之意。」今天，我們從這些古代文字的演變，仔細想來，古人的想像力，確是很豐富的。

另外，有一位易學古歌專家黃玉順先生，他所撰的《易經古歌考釋》一書，就記錄了《易經》第二十一卦「噬嗑」上的古歌，其中說到「亨。利用獄。」（筮得此卦，即人神相通）。也許，在當年有利於斷析獄案。

若如從考證，我們知道《易經》古歌，其產生的年代，應早於《詩經》，那麼《易經古歌》上的記載，應早於文王囚於羑里時所演《易經》之時了。我們再看《易經》二十二卦《賁卦》上也有記錄：「君子以明庶政，無敢折獄。」從這幾段話，也可窺見，即便是君子明察許多事理，但對於複雜的獄案，他不敢以輕率的態度裁決案件。

從這些古歌看，當時人口少，當局為政相對淳樸，犯罪率也低，於中國獄案的最早發源期，在其分工還是有序的。但中國歷史上自夏禹傳位於「啟的時代」，就大不同了。

現能看到的文字記錄，如《墨子》一書，說啟「好酒耽樂」。而《楚辭・離騷》也說啟「娛以自縱」。當一個時代發展，只聽從於一個主子的命令，缺乏了一個制衡的「監督機制」，肯定肆無忌憚了。

今天，我們從偃師二里頭發掘出一座宮殿遺址，面積有一萬平方米，有厚約一至二米的夯土台基。其間有「面闊八間，進深三間，四坡出簷的殿堂，堂前是平坦的庭院，四周有彼此相連的廊廡。殿堂對面是官殿的大門。如果復原其狀，即可見到一座規模宏大、氣勢莊嚴的宮殿建築，巍然屹立，夏王朝的威儀，便躍然而出了。」

以此可鑒，在這樣的大宮殿中，夏王卻「誤以自縱」、腐敗黑暗，而人民處於水深火熱之中，王朝當然難保。

當啟傳位於其子至「太康時代」，其社會更顯其黑暗荒淫無度。故《楚辭・離騷》說，王權只顧「娛以自足」，於時，夏政權受到挑戰，最後走到「太康失國」之道。

只要有人，不是神，沒有了監督機制，不就「自縱」了嗎？不就「奢侈腐化」了嗎？從歷史上夏禹傳啟，到少康失國死後，子抒立為止，這亂糟糟的政局可見。而這樣的政局，必有更多的冤獄之事，在人世間發生。

這又使我想起了艾略特《荒原》中的幾句詩：

一些不大可能言喻的事情：／在把握了記載的歷史之後回顧，／向著原始的恐怖轉首回望。／我們開始發現痛苦的時刻……也無休無止／和時間一樣永恆。

六、獄神廟裡的始作俑

中國有關「獄神廟」的資料，儘管歷史遺留卜來的資料相當稀少，一時難找，大多散見於各類零星資料、古書傳說、筆記雜談，有些就佚落在許多地方誌上，但如若細細打撈，從一些蛛絲馬跡的文字，還可窺到那些歷史的遺影。

一九九八年第七期《讀書》雜誌上，發表了拙作《獄神廟聞錄》一文，從而引起不少讀者對獄神廟的廣泛興趣。爾後，在《讀書》一九九八年十一期上，刊出了四川何蜀先生一文《回應：有關獄神祠的另一史實》，此文主要以重慶抗日戰爭時所發生的史事，補充了這地方有關獄神廟的狀況。而此文又引出了《讀書平臺》上的另一篇文章，一九九八年十二期《讀書》上，刊出了《從獄神廟想到隔離室》，作者耿法先生。他由獄神廟，聯想起了中國另一種特有的現象，即「隔離審查室」。如果說獄神廟是監獄中的特殊區域，那麼隔離室，則是監獄外的特殊監獄。

這一系列文章的發表，確引起反響很大。因為中國在長達十年的「文革時代」對一切地富反壞右，一些在某專業領域內的所謂反動學術權威，大中學校的教師，動輒就宣佈對某某實行隔離審查。當年，是司空見慣，成了尋常之事。

一九九九年第二期《讀書》上，又刊出了老作家陳椿年《獄神廟資料補遺》一文，這又激起了對《中國獄神廟》研究的一浪。無疑對這樣的稀缺課題，補充了無人問津的史料性文稿。

事隔幾年，《讀書》的編輯，還告訴我，有許多文章投到他那裡，限於版面，只能作為存稿，無法刊出。我對他說：「一篇只有二千多字的小文，能引起這麼多讀者的回應，已經很說明問題了！」

一篇拙文，引來了許多人的關注，何哉？我想，可能是讀者對「中國的獄神廟」有著無限的遐想，無限的神秘；另則，人們對二千多年來存在的未所未聞的那種歷史，也引起無限的關注。

在尋查許多史料中，中國歷史上到底從什麼朝代開始有「獄神廟」的記載，資可依據的文獻實在太少，抑或中國長期處於封建專制社會，這老百姓未可允許進出的地方，無論哪個朝代，不可能給你留下太多的東西，這也是歷代統治者的忌諱之處。

我追查古史，僅《後漢書》中，有零星的記載：（范）滂坐繫黃門北寺獄，獄吏謂曰：「凡坐繫皆祭皋陶。」滂曰：「皋陶賢者，古之直臣，知滂無罪，將理之於帝，如其有罪，祭之何益！」（《後漢書・范滂》）

皋陶塚，在廬江六縣（安）。（《皇覽》）

的確，皋陶墓現位於今六安市以東八公里，六合（肥）公路北側，高六點二米，周長九十七米，墓前立有清同治八年（一八六九年），由安徽布政使吳坤修所書「古皋陶墓」碑一方。

皋陶自已的葬地，在今安徽省境內，並不在東漢的首都洛陽，故囚犯所祭的，顯然是北寺獄中的皋陶祠廟。

范滂因反對宦官專政而被捕入獄，此事發生在東漢延喜九年（西元一六六年）當時，范滂是直臣，他入獄後，沒有聽從獄史的話去祭皋陶。

從這段史實，可知「獄神廟」之始作俑者。我們，終查找到了中國歷史上第一座獄神廟，就建在名叫「北寺獄」的地方。不過欲知其詳，我們對現已無人可知的東西，還需要追溯尋根，往前探索。

中國的第一位「獄神」——當之無愧，應首推「皋陶」莫屬了。從這部《後漢書》中，總算有了點眉目。我們為什麼可以這般武斷呢？

對這問題，還得讓我們先看看范滂與皋陶，究是何許人也。

七、北寺獄裡肯定有獄神廟

北寺獄，是一座在東漢建造的監獄。「當年屬黃門署管轄。主鞫禁將相大臣。因署在宮省北，故名。」

有《後漢書・千乘貞王劉伉傳》載：「嘉平元年，遂收颯送北寺獄。」李賢注：「北寺，獄名，屬黃門署。」《後漢書・李雲傳》：「帝得奏震怒，下有司逮雲，送黃門北寺獄，使中常侍管霸與御史廷尉考之。」所謂北寺獄，其實也是封建社會官宦與名士鬥爭的產物。

漢末名士清議，皇帝看不慣，在朝廷發生黨錮之禍。爾後，就有「黃門北寺獄」事件的風波。所以歷史上說：「若盧，獄名，屬少府，黃門北寺是也。」而百官公卿表上也說：「少府屬官有若盧令丞。」

古代「士為四民之首」，意思是說，士氣代表民氣，民氣代表社會輿論。所謂「民心」，即是一種有形無形的社會氛圍。

士是什麼？著名學者章士釗曾出過一個洋相，他把「二桃殺三士」解釋為「二個桃子殺了三個讀書人」。

後魯迅寫文諷揄了他。撰文指出，「二桃殺三士」，典出《晏子春秋》，是說晏子用二個桃子，設計殺了三個武士，所以，這「三士」不能寫成「三個讀書人」。魯迅說：「舊文化也實在太難解，古典也誠然太難記，而那兩個舊桃子也未免太作怪：不但那時使三個讀書人因此送命，到現在還使一個讀書人因此出醜，『是亦不可以已乎』！」

魯迅的筆太直了點，章先生為了這句話，實在受不了，一直在翻案，總想方設法撰文相駁，這也早成了歷史的新典故。

中國最早的士，是遊說諸候的策士，但大都是周孔儒士、高談闊論者居多。後發展到先秦漢初的策士、縱橫家、法家之流。真正能體現有文化群體上之共識，有共同的價值觀而凝聚起來的，應於東漢演得最烈。桓帝延熹二年（西元一五九年），中常侍單超等五人，因誅梁冀功同日封侯，是為五侯。當有「輕煙散入五侯家」之說。

當時，白馬令李雲上書，批評對宦官封爵賞賜太濫。桓帝震怒，命逮送黃門北寺獄，派中常侍管霸和御史、廷尉，共同拷問。陳蕃等大臣相繼上書相救，管霸也想為李雲開脫，就藉口說他只是野澤愚儒，不值得加罪云云。可桓帝記恨李雲罵他「不能明察」，拒絕寬宥，於是李雲死於獄中。

此亦見「君欲臣死，臣不得不死」也。

其實，黃門北寺獄，最早見於漢文帝五年，有人告發周勃謀反，「逮詣廷尉詔獄」。廷尉掌刑辟，是最高司法長官。下廷尉詔獄，就是皇帝發出逮捕令，但仍需由廷尉審理治罪。這位漢初有功大臣，可能也是關押在黃門北寺獄中。

上所說事件，都是「奉詔而獄」。所以，「北寺獄裡，肯定有獄神廟」。為什麼？因為這上大獄，羈押的均是至少五品以上的大官。如今天的秦城監獄一般。

東漢延熹九年（一六六年），李膺等人被誣告結交朋黨，桓帝下詔逮捕黨人，太尉陳蕃認為這些人名聞海內，憂國憂民、忠於公事，就算犯錯也該寬宥十世，何況罪名並不彰顯，豈可逮捕？拒絕平署。這也算是大臣與皇帝的一次搏弈。這似乎在中國歷史上常有發生。

桓帝只得跳過正式的司法程式，由黃門北寺獄，審理李膺等人，通緝太僕杜密、御史中丞陳翔、太學生陳寔、范滂等二百餘人。

這二百多號人，一為優待，二為了防止宦官串供，當然只能羈押於北寺獄的獄神廟中。入獄的官員和士人，以政治犯為主，往往聲名較高，為了避免大臣相救援、輿論相呼應等情況的出現，往往在北寺獄直接將人拷問，乃致死或殺死。

靈帝建寧元年（西元一六八年），竇武陳蕃謀誅宦官，事泄失敗。陳蕃終被捕，送北寺獄，審訊時拳打腳踢，即日遇害。

建寧二年（西元一六九年），因受誣告「鉤黨」圖謀社稷，虞放、李膺、杜密等黨人百餘人，也死於北寺獄中。

靈帝中平元年（西元一八四年），侍中向栩因議論宦官，被誣溝通張角，收送北寺獄而死。

中平二年（西元一八五年），諫議大夫劉陶上疏八事，說天下大亂，皆由宦官。宦官們也誣告劉陶私通張角，下北寺獄，拷問甚急，死於獄中。

但這一切，遂成了東漢王朝最後的送葬曲。若從文化史看，也是中國文化史上的一大變局。

余英時先生曾說：「中國思想史上第二次大『突破』發生在漢末，一直延續到魏、晉、南北朝，即第三至六世紀。」余先生有一篇《漢晉之際士之新自覺及新思潮》，認為「重要的是士的個體自覺，……超越於於群體分化之外。個體自覺即發現自已具有獨立精神與自由意志，並且充分發揮個性，表現內心的真實感。」（余英時《中國文化史通釋》）我想，這應該從中古文人風采談起，即從漢末黨錮案中覺醒的，一如陳蕃、范滂、郭泰等人物，他們可視為中國知識份子群體意識最早覺醒的代表，也提供了風骨上的正直的楷模。

八、臯陶，史書上的第一個獄神

按漢時法規，凡入獄者必先祭祀，當時，那監獄即是座落在洛陽黃門北寺獄。可范滂沒有聽從獄吏的話去祭臯陶。

我們說，東漢時的洛陽，有第一座獄神廟，那在其它監獄有否獄神廟？就是說東漢其它郡縣監獄中，是否也有祭臯陶的獄神廟的存在。

這很難說清，留待考證。但是，從《後漢書》載：「凡坐繫皆祭臯陶」一句看，在范滂入獄前，肯定已有大量囚犯，祭過臯陶獄神了。

臯陶何許人也？也許這名字，似乎離大家很遠了，遠去了幾千年，恐怕沒人能精確計算。我觀漢字聽寫大會，上有一道題，難倒了大家，當聽寫「臯陶」兩字時，主持人說，這是個人物名，聽寫者不知所云，一時矇了，誰也寫不出來！

皋陶，名為庭堅，字聵，皋城（今安徽六安市）人，是上古時顓頊帝與鄒屠皇后的第七子。（《舊志》《左傳》）。此人，可謂是「大同之世」前的有為人物，相傳禹年老時，在當時的聯盟會議上，討論繼承人選時，眾人首推的就是皋陶。當然，皋陶死得早，以使後來的禹，暗中破壞了這一體制。

司馬遷在他的巨著《史記》中有記載。我想，作為一個中國人要瞭解自家的歷史文化，必先讀一部《史記》也。

而《史記》中，談到皋陶這個人，是和禹、契、後稷、伯夷、益、彭祖等人一起出現。在被舜帝分配行政職務時提到了皋陶。舜曾深情並茂地對皋陶說：「皋陶，野蠻民族還擾亂華夏、殺人越貨、內憂外患，你來作士。五種刑罰要量刑適中，裁定五種罪犯，要分送三處執行。五種放逐，有一定尺度，裁定的五種罪犯，給予三種居所。只有公正廉明才能使人心眼明白。」

說起皋陶，有說他屬偃姓。皋陶的父親叫人系，生陶，後封官在皋，故老百姓稱他叫「皋陶」。還有許多古文獻，對他有以下記載：

《尚書・舜典》：「帝曰：皋陶，蠻夷猾夏，寇賊奸宄，汝作士，五刑有服。」《春秋・元命包》：「堯得皋陶，聘為大理，舜時為士師。」《尚書大傳》：「士，理官也。」

《正義》曰：「士即《周禮》司寇之屬。」

另，《尚書大傳》有：「秋伯之樂，注曰：秋伯、秋官、士也，咎陶掌之。」鄭元云：「士，察也，主察獄訟之事。」鄭康成注曰：「理治獄官也。」《左傳》曰：「叔魚攝理是謂獄官，為理官也。」《管子・法法》：「皋陶為李。」尹知章注：「古治獄之官也。」

據上述一些文獻的記錄，若遂一作解，可知許多古代司法刑獄的資訊。如，堯舜時代之皋陶，為士，理官也。理官，即主管刑獄的官吏——法官與獄官的統稱，一個上古時代的最高的法官。

若從《史記》對皋陶分配職務，以及對他人品的評價上，顯然皋陶是個公正廉明之人，故派他管理古代刑獄的職務。堯帝得皋陶後即聘為大理，到虞舜時成為士師，就是主管司法大事。可見皋陶是中國歷史上第一個執管獄案的人。

歷史上的今文、古文，皆有《皋陶漠》，都對皋陶秉公辦獄，為人剛正不阿，多有記載。在歷史記載上，是大家信得過的人物，能辨「善」「惡」，以及「罪」與「非罪」的，惟有皋陶。

司馬遷把堯描寫為聖明之君，舜精通農業生產，善於製作陶器，禹治理洪水有功。但後世均相信堯、舜時代「春風楊柳萬千條，六億神州盡舜堯。」。可見堯、舜時代，是人們幾千來所嚮往。那是因「禪讓」制度的無私、公正，雖有些美化，但還是有歷史依據的（見楊希枚《再論堯舜禪讓傳說》）。

當然從禹開始就有些變味了。人民大眾的眼睛是雪亮的，堯舜時代被推薦出來的管理獄案的皋陶，得大家的信任。現在看來，舜在分配職務時，非常慧眼獨具，歷史上說：「皋陶為士」。這是堯典虞廷九個官吏中位置最重要的。據史查，皋陶為有虞氏。而有虞氏族，史載則為一山澤漁獵的民族，與當時的陶唐氏（今山西南部）的居住地略近。

皋陶從小出生在山澤漁獵地區，為人性格剛正不阿、辦事認真嚴謹。故舜把這份治理國家的司法與軍事的重要職能分給了皋陶。至秦漢時代，在中國大地上，那大大小小的監獄中，獄神廟中所供奉的神，當屬皋陶無疑了。

九、皋陶及神羊

中國歷史上的司法制度，在唐、虞時，已日臻建立。雖說當時尚未有一套完整的國家組織形式。唐、虞，當屬於今日山西南部一帶的兩個部落群體。雖那時未有作為一個國家的組織形式，但各部落間總互推一酋長為部落的共主。這在《尚書》典藉中時有記載。

皋陶治獄，除了剛正不阿，辦事認真，據古代傳說，辨訟案時，還有一種獨角神羊，能幫助他識別有罪和無罪的人。此神羊叫「獬豸」（音同謝志）。傳說皋陶審案時，總帶著這一角之羊。當有罪之人，坐堂時，此神羊，即會用角觸人，而碰到冤案無罪之人，此羊就不去碰他。

據說皋陶敬羊，早晚起坐，總好好待它。目的是在斷獄時，能弄清楚是非曲直。不冤枉一個好人，不放過一個壞人。此是傳說，但很有意思。

漢代，王充《論衡・是應》也曾說：「獬豸，一角之羊也，性知有罪，有罪則觸，無罪則不觸。故皋陶敬羊，起坐事之。」

這上古的神話，創造了一種獨角神羊，寄託著古人的社會理想，那是人民對司法公正的期盼。明代謝肇淛《五雜組》說，「獬豸，一云神羊」；但是，這位明代學者，並不相信有獬豸，他提出問題的思路也挺有趣。他說：「皋陶治獄不能決者，使神羊觸之，有罪即觸，無罪即不觸。則皋陶之為理，神羊之力也。後世如張釋之、於定國，無羊佐之，民自不冤，豈不勝皋陶遠甚哉？」

皋陶是上古神話中的司法審判之神。倘若將皋陶的明察秋毫，歸功於獬豸這神羊之助，那麼後來那些沒有神羊相助，卻也能斷案不留冤屈的官員，不是比皋陶的本領高強得多嗎？這話說的確有理。

後來，凡衙門裡都畫皋陶、獬豸，表示明辨是非，執法公正，還含有威懾邪惡的意思。《神異經》：「獬豸忠直，見人鬥，則觸不直；聞人論，則咋不正。一名任法獸。」

當時，還發明了一種執法者的官帽，稱為「獬冠」。《淮南子・主術訓》：「楚文王好服獬冠，楚國效之。」這樣的官帽，漢代稱其為法冠。《後漢書・輿服志下》記，法冠高桶狀，取「鐵柱卷」式造型，「或謂之獬豸冠。獬豸神羊，能別曲直，楚王嘗獲之，故以為冠」。

據說，獬豸帽，在春秋時代已出現，秦代時執法御史戴著它，漢代就因循下來。古時稱御史冠為獬豸，進而以獬豸代指執法官。問案決獄的衙門裡，牆上畫著獬豸，長官戴著獬冠。在古代的公堂上，異獸神羊，可謂是出盡了風頭。

蘇軾的寓言故事集《艾子雜說》，講到獬豸。齊宣王問艾子：「古有獬豸，何物也？」艾子答：「堯之時，有神獸曰獬豸，處廷中，辨群臣之邪僻者觸而食之。」緊接著，還補充說：「假如如今有此神獸，它必定不會挨餓的！」這就將獬豸的能辨是非，引到了官場，以官員為審視的對象。抵而食之，「料不乞食矣」，諷刺奸臣之眾。

獬豸的傳說，有人論說，「反映了古人對羊多側面的認知。怕狼的羊，跪乳的羊，溫順的羊，古人用來說明事理。同時，沒有忽略另一面：羊有角，並非擺設，犄角聚力，能觸能抵。於是，有了獬豸的傳說，不但頂得狠，而且頂得準。羊有角，能抵，當年中華國貨，曾有大名鼎鼎的『抵羊牌』，近代中國國勢積弱，列強覬覦，軍事侵略、文化侵略、經濟侵略一併襲來，『抵羊牌』是中國民族工商業者憤怒的呼號。」

「羊」與「洋」諧音，俗說，「羊毛出在羊身上」，「抵羊牌」巧用雙關修辭，其妙天成。它的精髓，則在一個「抵」字。但我想，惜民族工商業沒有「皋陶」牌，如若有了，中國的民族工商業也許發展得更好。當然，只有了牌號，如若沒有真正的皋陶精神，也只能說說空話而已。

十、一位子遺老人的陳述

在文革中，我曾在縣城一所中學教書，那時我住的地方離這所學校有一段距離，在這段路的中間有一座已近廢墟的破房子，但這破房的周圓很大。由於常常要繞過這猶如廟宇，又像是一座城堡式的磚瓦堆，我總是尋思著，這是哪家龐大宅第呢？

終於有一天，午後的陽光映射婆娑於這曾經是舊居土石上，我碰到了這鄉下年紀最大的一位老人，他已跛了一足，又患青光眼，在那裡踽踽行走。據說老人原是鄉下私塾的教師。但於文革中，這類不太有依靠的鄉村知識份子，最沒人理會也較為貧困與寂寥，昔日遺存的鄉紳遺風已早不再，而到了文革，他們最後的一縷生命的依賴，即家中的幾部手頭舊書，也被掃地出門了。那天午飯後，我踩著這磚瓦廢墟，走了一圈。正好遇到了這位破足、盲目的老人，我向他請教清末時這地方的歷史，他面上有了從未見過的笑容，並帶著以為人師的高興，向我講述了關於這座廢墟的來歷：

「大約在光緒三十四年（西元一九〇八年），那時，中國的科舉已停，這裡也興辦洋學校了，許多廟宇、祠堂，紛紛改作學校，社會上那時一股風，也效仿西方國家那一套風氣。緊接著清皇朝就頒佈了《現行法律》，這裡原有一座縣衙的舊式監獄，也改為新式監獄。這裡邊原有獄神廟，可能在那時已逐漸被新式監獄代替時，舊有的獄神廟也廢除了。

後來，在一九三七年這座監獄及其附近官署，均被日本飛機炸毀，之後，設在這裡的官署也搬遷，至今這廢墟就無人問津了。」

從這位老人的講述，我們約略可以推測中國神秘的獄神廟，應絕跡於清末民初時期。從魯迅祖父曾經羈押的杭州衙署，於一九〇四年還有獄神廟的存在。而從這位鄉下老人的口述，他親眼看見的舊式監獄（獄神廟），時間應是在一九〇八年。

我想，這對獄神廟的揣測，據上述兩則視之，一九〇四年至一九〇八年在中國大地上，存在著中國的獄神廟，應是信而有據的。

那時候的所謂新式監獄，在許多地方，還像模作樣地樹立起模範樣式。一如魯迅所說的：「至今還是隨便拷問，隨便殺頭，一面卻總支撐維持著幾個洋式的『模範監獄』。」他還說，「即所謂文明式的監獄，那是為了示給旅行到此的外國人而建造，應該與為了和外國人好互相應酬，特地派出去，學些文明人的禮節的留學生，屬於同一種類的。」（《關於中國的監獄》）

十一、剛正不阿，不畏神的范滂

中國的獄神廟內，一邊畫著皐陶，一邊畫著狴犴。其目的有二，一是讓犯人祭獄神，一是讓那頭一角神羊觸罪人。

一句話，在精神上，瓦解囚犯的心理，在行動上，為了威嚇罪人服罪。

但是，犯人，一如遇到范滂者，可就糟了。因為范滂為人，一如皐陶，也剛正不阿，且他是因反對宦官專政而被捕入獄的。

范滂，官位不高，只是被聘為功曹（屬吏）而已。但誠如平原君所說：「夫賢士之處世也，譬若錐之處囊中，其末立見。」范滂正是這樣一位不居顯位，卻是脫穎而出的人物。

范滂（一三六～一六九），字孟博，東漢汝南征羌（今河南漯河市召陵）人。是那個時代清議名士中，最具個性、風采閃亮、戲劇性最強的人。少厲清節，舉孝廉。曾任清詔使、光祿勳主事。按察郡縣不法官吏，舉劾權豪。

因漢末時政腐敗，他棄官而去。後汝南太守宗資，請署功曹，嚴整疾惡。桓帝延熹九年，以黨事下獄，釋放歸時，士大夫往迎者，車數千輛，簡直成為了受人愛戴的盛大活動。靈帝初，再興黨錮之獄，詔捕滂，自投案，死獄中。

蘇東坡母親讀了《范滂傳》，「慨然太息。軾請曰『軾若為滂，母許之否乎？程氏曰：『汝能為滂，吾顧不能為滂母耶？』」這是作為母親，教育兒子成為一個清正之人的例子。

那麼范滂的母親，究是怎樣一位家長？不妨讀一段歷史：靈帝建寧二年（一六九）第二次黨錮之禍，侯覽藉口黨人「圖危社稷」，「天下豪傑及儒學有行義者，宦官一切指為黨人」。這條罪名，圖謀造反，是歷代封建統治者最忌諱的事情。當本地汝南督郵吳導，奉詔前往逮捕范滂時，到了范的家鄉，竟在驛舍大哭，汝南縣令郭揖，知道後，想和范滂一起逃亡。但范剛正不阿，范滂與母親訣別時，范母卻對范滂說：「兒今日能與李膺、杜密齊名，死亦何恨？」這是一句讓人抉心剔肺，大義大勇的話。

後范范與李膺、杜密等百餘人被執，死於獄中。而其母與兒子臨別時，能頂天立地，不畏犯上。這可是東坡母親所直言，她還不能像范母那樣偉大、勇義。折服之情可見。

范滂是漢代歷史上一位清廉、正直的官員。少年時就有清廉、節儉的行為，常作為地方上的一位楷模。為官後，一直堅守敦厚、質樸、謙遜、節儉的品質。後因秉直辦理政事，得罪上司而坐牢。范滂反對宦官專政，終被捕入獄的。所以，范滂見了皋陶就不怕。還對獄吏直言不諱地說：「皋陶是位賢人，是古代剛正不阿的司獄大官，如果有靈，他一定知道我范滂是沒有罪的。」

意思是說，我本是無罪的，不必再祭那獄中的任何神祇。

他敢反問獄吏：「如我范滂有罪，祭之有用嗎！」

皇帝下令逮捕的人，既然有人違抗，且因范滂拒祭「獄神」，竟當場帶動了二百多名士的集體罷祭，等著范滂的當然是酷刑拷掠。但他自動受刑，備嚐毒楚。由宦官掌握的黃門北寺獄「中常侍王甫主審，進行了殘酷的『皮肉教育』不算，范滂等人的頸、手、腳，均被枷銬，暴於階下。沒有挨到訊問他，范就越次抗言，援引儒家經典，慷慨陳詞，大義凜然，連王甫也為之改容，解除了他們的桎梏。被理想所鼓舞起來的殉道精神，支撐了這條硬漢。」

（《中古文人風采》）

因此，范滂在煉獄中成了天下士流的偶像。

其實，在我們回應漢代法律，也可知其一斑。

正如章太炎所云：「余觀漢世法律賊深張揚。仲舒之徒，益以『《春秋》誅心之法』，又多為決事比，轉相貿亂，不可依準。」（《文錄》一《五朝法律索引》）

這說明了從秦漢以來，國家律令比較紊亂，而五胡之亂，石勒、赫連勃勃，均以亂殺人為治典，以淫刑為逞。東漢宦官撐權後，法律更亂。

直到唐律公佈，始對人身有點改善，稍為民生著想，明代雖承唐之律法，但因明初統治者本人，乃知識素質不高，對人的生命重視，又有所降落，製造了大量的冤獄殺案。

我想，對於范滂這樣無罪而蒙冤者，那頭一角神羊，就算在旁，也是無用武之地。

如果，天下范滂這樣的罪人多了，獄神廟中的皋陶和獨角羊，也不派什麼用處。以此看來，天下法律雖混亂不堪，但還出現了像范滂這樣正直的官吏。

看來，中國獄神廟的建立，還當另有別用呢？

十二、獄吏之尊今始信

獄神廟還有什麼別用呢？

范滂坐繫黃門北寺獄，當時這座監獄由宦官撐領，虐待囚犯與明代東廠一樣殘酷。那裡的獄卒按規矩，當踏入大牢後，獄卒帶他的第一件事，命其跪下，先祭臯陶，然後才可入囚室。

但范滂可不是一般人，他原是東漢的門閥大族，東漢汝南太守宗資（南陽人），委政於他管理州郡，也就是說他在當地的政治、經濟，意識形態上還是有點特權的人物。當地的民眾，曾為此唱過一首歌謠：汝南『大守』范孟博（滂），南陽宗資主畫諾；南陽『太守』岑公孝（晊），弘農成瑨但坐嘯。

這表明范滂雖是反對宦官專權下獄，但他畢竟是一個當地州郡有權勢的官僚，背景與後臺都很硬，仍是當時作為名士群體的重要一員，所以，當范滂反譏獄吏，不祭皋陶這個獄神時，吏卒也奈何不了他。當然在大獄之中，要吃的苦頭還是得吃。但如若換之平民下獄，你敢反譏獄吏？你敢不聽指令嗎？你敢不祭獄神？

中國一層層的社會結構中，獄吏的權力，一向是法大無邊的。

《古今圖書集成・牢獄部》裡專講了這些事兒。連漢朝開國有功的大將軍周勃，皇上封他為絳侯，後被誣下獄，他恐「侵辱之」，曾以千金與獄吏。後來，靠獄吏走通太后，「太后亦以為無反事。文帝朝，太后以冒絮提文帝，曰：『絳侯綰皇帝璽，將兵於北軍，不以此時反，今居一小縣，顧欲反邪！』文帝既見絳侯獄辭，乃謝曰：「吏事方驗而出之。」於是皇帝才派人持節赦絳侯，復爵邑。

周勃獲准皇恩被赦，官復原職，但當他走出牢獄時，也不禁歎謂地說出了他的心裡話：「吾曾帶過百萬軍，如今才知道獄吏之尊貴也。」

說到底，獄吏能折磨你，能饑餓你，能使你「死去活來」也可使你「活來死去」；當然也可優待你，這便是獄吏的權力。

沈家本在《獄考》中曾說：「臨江王以故太子迫而自殺，周勃、周亞夫以丞相之貴，見辱於獄吏。以貴寵體貌之大臣，小吏得施其詈罵榜笞，積威之漸，子長言之可云痛心。後之論獄者，其亦有哀矜之意乎？」

因為監獄這種地方是獨立王國，天高皇帝遠。當然，獄吏能「見風使舵」能「洞察秋毫」，能出點子，傳資訊。周勃大將軍「以千金與獄吏」，獄吏才肯傳資訊給太后，得了太后的幫助，才能獲得赦罪，才能恢復爵邑。

所以，在《讀史漫錄》中讀到：「張湯為廷尉，所治即上意所欲釋，予監史輕平者，即上意所欲罪，予監史深刻者。杜周為廷尉，上所欲擠者，因而陷之；上所欲釋，久繫待問，而微見其冤狀。所謂陰陽人主，與俱上下，二公皆有焉。後之為文深史，其精神血脈，皆出於此。」（明・於慎行著）從這段論，可見中國封建社會監獄之一斑矣。

現仍言歸正傳。話說范滂下獄，不祭皋陶，史書上說：「眾獄吏由此亦止。」也就是說他是有背景和有後臺的人，范滂被拷掠一頓，最後還是關押在監獄的優待室中，即中國的獄神廟內。

這大概便是獄神廟的別一番用處吧。

十三、一種優待室

我平時不太看電視，但見各報紛紛報導，二月河的《雍正王朝》電視收視率很高。那年，我也抽暇看了幾集。當收看了三十七、三十八、三十九集時，雍正皇帝為了推行新政，許多官員彈劾田文鏡。因為田文鏡對皇上辦事十分賣力，一意孤行替雍正增加稅收，但對人民及屬吏卻很刻薄。故有不同看法的官員聯名彈劾田文鏡。雍正為此很惱火，決然下令把許多官員們的烏紗帽摘了。

電視播到這裡，我們在電視上看到雍正大聲下令說：「都把這些個官員（彈劾田文鏡的）統統給我下獄，都把他們押到獄神廟內去！」可見獄神廟，是中國監獄中的優待室，在清代已經非常實用而明顯。從中也可看出：二月河先生和這片子的導演，對中國歷史上的獄神廟是有見識的。

平心而論，雍正對能增加財政收入的新政——「攤田入畝」、「火耗歸公」，正是急不可待的事，從歷史角度看，當然也算是一個小小的德政吧。

我們可以設想，這許多官員（其中還有功德不小的大官）被雍正皇帝一怒之下而下獄，能沒有人出面和雍正皇上去說情嗎？但對這些在雍正看來是反對他推行新政的人能容忍嗎？不能，絕不能容忍，否則他還能推行這類能加強雍正王朝統治的舉措嗎？看，唯一的辦法是折中，暫時把這些官員下獄。

但關進了監獄，總得給這些官員有一點優惠待遇，只有關進獄神廟內去，方能平衡。這也算是中國司法體制上的一項專利發明。

這真是個既聰明、又得體的治理官員及有權有勢的人下獄的辦法。

難道中國的獄神廟，是繼孔孟儒家的中庸之道的產物嗎？我不禁莞爾一笑，可能是「定論使人貧乏」，對眾多官員的處理，也是個一律背反的難題，如任之由之，皇帝的話誰聽呢，若處理多了，官員寒心，緊跟的廝門也沒了積極性。殺雞給猴看，有種種做法，但還是要看皇上的臉色。

人們常說：「歷史不能假設」我看也不可一概而論。蓋偉大的思想家，都曾提出一個中心課題，即如何使人有理性的力量，來改變外來的壓迫和內在的衝動。這就要以「理性力量的不同形式，超越現實而走向更高的境界。」

十四、林沖亮出柴進的信函

中國人最講面子。「面子」，就有面情。一面之情，大概就是外國人喜愛的「情有獨鍾」吧。中國儒家的一本《論語》中，講到面子的地方就不少。比如：孔子的得意弟子顏淵死，他父親要求孔子以車子換買棺木，可孔子是決不肯答應這事的。他的回答，有理得體：「以吾從大夫之後，不可徒行也。」

這就是面子。因為孔子曾在魯國做過司冠的官，是不能沒有車子坐，而去步行的呀。如今的官員「專車」，興許是從這裡延伸下來的習慣。但習慣成了自然，公車改革之難，也有面子放不下有些關係。

一個官僚，抑或一個貴族，犯了法，住進了監獄，給他住個「獄神廟」，便也是給了他優侍的一種面子。

比如《水滸傳》中的林沖，得罪了高太尉，被發配滄州。初進「牢獄」時，就被獄吏大罵一頓，但林沖亮出柴進信函、拿出點銀子。獄吏閱信後，馬上轉變態度，說：「既有柴大官人書札，煩惱做甚？這一封書值一錠金子！」看在柴大官人的面上，獄吏馬上就給了林沖，享有了另一種待遇。

比如，「凡是新到牢城的囚犯，每人重打一百殺威棒。」在林沖就被免了。「幹重活的事也免了」。住進獄後，不與一般囚犯關押在一起，獨優待林沖住入那獄中的「蕭王堂」。這裡「可太舒服啦，每天掃掃地，點點香，什麼事兒沒有。」

另，上述講到林沖進「牢獄」兩字，不妨就「牢」字，再補充一兩句。

「牢，閑也，養牛馬圈也，從牛冬省，取其四周帀。」故「牢」字，作為最初之意，就是為牛馬等牲畜，設下的圈，所以從「牛」，以牛代表各種家養牲畜，而其上部，則表示圈之四圍。所以段玉裁言：「從古文冬省也，冬取完固之意，亦取四周象形。」

引申之，凡閑罪人者亦曰牢。今則本義亡，而牢獄，專其名矣。易林有：「失志懷憂，如幽狴牢」。（《獄考》）

杜甫也曾說，「叢棘拆而狴牢傾」。劉禹錫有詩：「朱戶非不崇，我心如重狴」。王肅注：「狴，獄牢也。」

看來，對「牢」的上述各種說法，都是引申的不同，別名的不同，叫法的不同，其實質不變，是一回事。

至於中國人面子上的優待，上至升了大官，後可以封妻蔭子，光宗耀祖，下至「一人得道，雞犬升天」。甚至觸犯了王法刑律，都可以融通。凡事可大可小，大事化小，小事化了，有時像根挺有彈性的橡皮筋，可拉長也可縮短。有時乾脆一陣風，吹個乾淨，不了了之。

古代罪犯打板子，可買通獄吏打得輕一點，打完後牢房可以分配得好一點。

有錢或有勢的人，一旦下獄，就住進獄神廟內，這也是充分給了你一種面子，一種優待。

也許，一般常人，不可能用常用的想像，去窮盡那獄神廟內發生的事情。

十五、從東漢往上追溯

蘇東坡有兩句名詩——「橫看成嶺側成峰，到處看山了不同。」這也道出了個人的立足點不同，就會體會出感知上的差異。有人據史論證，東漢有獄神廟，西漢時期卻還沒有。我倒以為不然，雖從西漢至東漢，社會有了大轉變，但統治體制、方法還是不變。個中道理取決於先有監獄，後有獄神廟。這便是看問題的角度不同。

西漢之於東漢，有著祖宗與子孫的血統關係，祖宗制訂的制度，不到萬不得已是不會輕易廢改的，特別是在「神」的信仰上。西漢王朝結束於漢平帝死、孺子劉嬰手上。王莽最後奪得王位。漢朝的歷史就是在這混亂、悲哀中向前發展的。

當然，王莽沒有掌握好歷史大潮，他的托古改制，沒有能解決社會的根本矛盾，前進中的悲劇繼續向前，矛盾不斷加深。西漢宗室反對王莽的鬥爭與農民起義的不斷出現，使王莽統治很快失敗。王莽本人，最終也成了西漢腐朽統治的替罪羊。

中國歷朝歷代，「朝代更迭，土地易主。」總喜歡一而貫之，喜繼承，不善超越。鑒此可能跟中國人的民族性情有關，駕輕就熟嘛；一種濃厚的宗法觀念，往往可以觀其後裔而知其祖先的作為。

舉一個小例：如東漢墓壁上裝飾著人首蛇身的女媧，伏羲像，我們在長沙馬王堆西漢軑侯妻墓中出土的帛畫上，同樣也能見到。所以，從另一角度看，東漢有獄神廟，西漢也應該有，這也許是我們據史追溯的方法不同。所以，可以說，西漢時期，中國大地上已經有了獄神廟建立。

「二世二年七月，李斯被判死刑，於咸陽街市處以腰斬。臨刑，李斯出獄，見其次子與其共羈押，斯謂其子曰：『吾欲與汝共出上蔡東門，牽黃犬而逐狡兔，豈可得乎？』父子相抱悲泣。三族盡為夷滅。二世命趙高為丞相，管理朝政。」

如果我們再繼續追溯，司馬遷《史記》中，後又有秦子嬰囚趙高於咸陽獄的記載。可見秦代，也已有了相當規模的監獄，那麼，也許具備了有「獄神廟」功能的可能性。不過目前對秦代是否有獄神廟，尚缺乏有力的考證，我們姑且不論。

十六、四代獄之別名

很有意思的是，近期二月河的《雍正王朝》拍攝電視後收視率甚高。電視中有康熙皇三子胤祉，原是擁護太子胤礽的，但胤礽經康熙兩次被廢後，皇三子胤祉在家養了策士陳夢雷，幫他編了《古今圖書集成》，這倒也是一種有益的貢獻。正是在《古今圖書集成》上，我看到了這樣的記載：獄，最早的別名：

「四代獄之別名，唐，虞曰『士官』。史記曰臯陶為理，尚書曰臯陶作士。夏曰『鈞台』，周曰『囹圄』，漢曰『獄』。」這些不同的名稱，說明四個朝代對監獄不同的稱謂。這在漢・蔡邕的《獨斷》中，同有此記載。

其實，只要具有封建體制的存在，治獄無須別名，到處都是。例如：外戚高祖呂后傳：為皇太后，迺令永巷囚戚夫人。孝惠張后傳：惠帝崩，太子立為帝，四年迺自知非皇后子，出言曰：太后安能殺吾母而名我，我壯即為所為。太后聞而患之，恐其作亂，迺幽之永巷。「永巷」，原是未分配到各宮去的宮女的集中居住處，也是幽禁失勢或失寵妃嬪的地方，後因漢代呂后，在永巷囚禁戚夫人而被稱為中國較早的一座女監獄。

此話說到戚夫人，當屬劉邦的愛妃。戚夫人貌美如花，能歌善舞，為人隨和，深受劉邦喜愛。劉邦死後，呂后先是下令將其關押於永巷，剔去秀髮，戴上腳鐐，穿上囚服，罰之舂米。由於思兒過度，戚夫人就創作了一首「舂米歌」。誰知道這首原本思兒的歌曲，又拉開了悲劇的序幕。呂后狠毒的下令，處死戚夫人的兒子趙王如意，又將戚夫人廢為「人彘」，折斷其手足，挖去眼睛，藥薰其耳，藥逼其啞，並把戚夫人關押在終日不見陽光的窟室內，折磨至死。戚夫人遭此酷刑，就連呂后的兒子惠帝，都認為：這不是人做的事。這無疑是歷史之慘劇，歷史上的百官公卿表，有說：少府屬官有永巷令丞，太初元年更名為掖庭。按：永巷、掖庭一獄也，孝成趙後傳有「掖庭獄丞籍武」（沈家本《獄考》）。

唐代李華有《長門怨》詩：「每憶椒房寵，那堪永巷陰。」《舊唐書・德宗紀論》：「去無名之費，罷不急之官，出永巷之儐嬙。」清代孔尚任有《桃花扇・題畫》：「橫揣俺天涯夫婿，永巷日如年。」都寫到這宮中之獄黑暗的情景。

這歷史上的「永巷，掖庭，若盧，請室……」等等，還有許許多多的名字，均可設官成獄。如：初學記獄第十一：「博物志云，夏曰念室，殷曰動止，周曰稽留，三代之異名也。又狴牢者，亦獄之別名。」

而據沈家本，考獄之別名，尚列出了許多，有：「郡邸，暴室，上林，左右都司空，居室，保宮。京兆尹，掖庭，永巷。共工，導官，若盧，都船，寺互，內官，別火，太子家令，未央廄，北軍，東市，西市。可考者凡十九。」

但是，有言「四代之獄，獨無殷，未詳其故。」（沈家本語），對這個問題的考證，確是個難題。清末的法學大家沈家本，在其《獄考》中，也未知其所以然。

個人管見，大約與商朝的幾次遷都有關，因一個封建社會，一切聽從於皇帝的吩咐。宮無定處時，獄名也一時顧不上記載。

有意思的是，周代之前，可以說，中國歷史上還沒有獄神廟，那是因為周代之前監獄是誕生了，但還沒有給「獄」起個名兒。儘管那時也將犯人關入牢裡，但這牢還不能稱為「獄」。

四代獄之別名中，也沒有提到秦，這也是值得研究的問題。

也許，因秦統治的年代太短，乃或秦始皇焚書坑儒，記文字的人（儒生）心中本就有一把火，一把氣。用現代的話，是知識者對那時代社會的不滿：「我偏把你秦始皇開創的秦代不記，看你怎麼辦？」

而那時的秦始皇，早消失在人間，也不過剩下一個「土饅頭」而已，當然，他還有兵馬俑，給後人揚威。

看上去，似儒生泄心憤。但也說明秦代的法與獄，一片黑暗的天地。這，我們從歷史上看，李斯被趙高突於某天的一個深夜，被囚於密牢之中，一個堂堂的秦相，不多久，全家一千多人，被殺戮，刑獄中，到處是悽慘的哭喊，尖叫揪心，穿空裂雲。二千多年來，秦代之獄，連個名也沒有，無疑給歷史留下一個巨大的陰影。

有人總認為，以秦代始，做了文字的統一，車軌的統一，乃或國家的統一。但若連李斯這樣的有過功勞、身為承相者，也可一人說了算，連全家性命也不保，抑或讓趙高說了算，那老百姓的生命，便更不足道了。

其實，幾個統一，是歷史的必然與選擇，也即是唐詩所說「憑君莫話封侯事，一將功成萬骨枯。」之結果。時至秦代的一切，是歷史本應做的，卻歸功於秦始皇一人，於歷史的眼識，頗不值歌功頌德。而達幾個統一，因成本太高，付出的代價也慘重。

所以秦代，僅十幾年時間，歷史一瞬間，便灰飛煙滅。歷史上，凡急功近利、統一行動，集中大部隊、化高代價所做的事功，爾後，總會釀成一種人間災難，使歷史前進的車輪，付出沉重的代價。這從一個側面，說出了「歷史有情，不是人事無常，正如歷史無情，不是因果報應。」

十七、說文解字

——獄的起始

我想起一九九五年四月十三日上午，在昆明滇池旁國家旅遊度假區，一個雲南民族文化村，其「東巴文化」館內。那日正巧毛澤東女兒李納也在。她對「東巴象形文字」甚感興趣。還請少數民族講解員書寫東巴象形文字。記得東巴象形文字，基本上也承襲了漢代許慎的《說文解字》中一些記載。

我們若從文字學角度，略作探討，即可知「獄」這個字，確實在漢皇朝已經存在。許慎雖是漢代人，但他解釋的「獄」字，卻是更早時期的原始本意，不是往後引伸出來的新意。

「獄」所謂「堅剛相持之意」，譯成今天的白話，其意思便是，相互勢不兩立，互相硬碰硬，不肯讓步的意思。即雙方固不相讓，讓我們略作一考：

獄，确也。——漢・許慎《說文解字》

確，堅剛相持之意——同上。清・段玉裁注

君臣無獄。——《國語・魯語》

人有爭端時，必相持不下，雙方總以堅剛不讓，而後相告以罪，於是有埆核之事，有拘罪之處，其事本相因也。獄，埆也，埆同確，獄從㹜從言。兩犬相齧也，語斤切。相齧必先相爭，人之相爭亦類是，故從。相爭必以言，以言相爭而後有「獄」。此會意字（見沈家本《獄考》）。

如果我們再翻一翻那部《周禮正義》（清・孫詒讓疏）還有一條注解，也可說明一些問題。

小曰訟，大曰獄。

此意是說，大打官司便叫「獄」，這是從前條《國語》中引伸出來的。一如松樹上寄生的女蘿，應是發生在較遲時的事，但還是比秦代早，因為由此引伸出秦代才有的監獄新意。《國語》是一部著名古代史書，清人編集《四庫全書》時，列為史部雜史類之首。故應該可信度較高。

清末法學大家沈家本，把獄與訟作了一定的解釋，他說：「獄有二義。國語周語『夫君臣無獄』注：『左傳襄十年傳：坐獄於王庭。』注並云『獄，訟也』。周禮大司寇注：『獄謂相告以罪名者。』左傳僖二十八年注：『獄訟皆爭罪之事也。』淮南氾論『有獄訟者』注：『獄亦訟。』詩行露疏：『此章言獄，下章言訟，司寇職云『兩造禁民訟，兩劑禁民獄』，對文則獄、訟異也。故彼注云：『訟謂以財貨相告者，獄謂相告以罪名。』」是其對例也。

以我之解，按現行的說法，有的雖有違法，可以作為調解來解決，未成立罪名。此謂「訟」。有嚴重的刑事犯法者，不能以調解，只能定於罪名，一旦定了罪名，就得入獄。

以上我們可以看出，如若周代之前也有供囚犯祭祀之廟，我們可以設想的叫法，可稱之謂：

「士官神廟」、「均台神廟」或「圂圄神廟」，而決不會稱作「獄神廟」。何況現在尚未找到歷史與文獻的有力證據。

這些推斷，應該是正確的史實，故說周代之前沒有獄神廟，道理就在於此。

十八、獄神的貌相

中國歷史上獄神廟有了，但獄神是誰？他是怎樣的一位？諸多問題，我們可慢慢揭曉。

上面我們已經講了，中國的獄神廟，始於漢初迄於清末。在我們每個中國人身邊，存在了二千多年。不知在你的知識範圍中，你曾注意過這類事嗎？

前面我們約略說過——漢代獄中所祭之神是皋陶。傳說這位漁民出身的最早的監獄長官，行事正直，令人可敬。但他的長相面貌是啥樣呢？

這在《荀子・非相》中有描述。我們不妨一看：

狀如削皮之瓜，青綠色

在《淮南子・修務訓／主術訓》中也有寫狀：

馬喙，而喑

據《後漢書》馮衍《顯志賦》中，還寫了他的簡歷如下：

皋陶釣於雷澤兮，得虞舜而後親。

從這些方面的描繪，可見這中國歷史上最早的「獄神」——皋陶，是位面目猙獰令人可畏的人。但由這麼一位來擔綱首任的「獄神」，應是最恰當不過的人選了。

我們前面也講過他還養有「獬豸」，你如有罪，這獨角神羊就會觸你。今天，我們講「觸犯刑法」，此「觸犯」一詞，也許其源就出於此。這也涉及語言學，也許要請教專寫《在語詞的密林裡》的臺元先生和中國語言學家周有光兩位先生。他們定能對這類稀少之語辭，考證出個名堂來。

有時我想，作為一個中國之神，其面貌總是可佈而敬畏的，一如魯迅所說的中國火神：

「看他的畫像，是紅面孔，紅鬍鬚，不過祭祀的時候，卻須避去一切紅色的東西，而代之於綠色。……他因此受著崇祀。在中國，這樣的惡神還很多。」（《關於中國的火》）

十九、俞平伯的研究

在中國老百姓耳中，曹雪芹的《紅樓夢》是盡人皆知的。我記得文革剛結束，電影《紅樓夢》真是紅極一時。那時，我去一座中等城市出差，想買一張《紅樓夢》的電影票，還得開後門，否則一票難求。記得那時我的一個表兄，還是電影管理站的站長，連他也拿不出餘票，倒是我的姑媽逼著電影放映員，拿出了一張票給我。我如今還記得她老的一片心。雖然，那時一個電影院，日夜連續放映這部電影，但還是觀眾多，門票少。

大眾百姓在精神上的一次大的解放，即從四人幫禁錮下走了出來，對大眾百姓來講，似乎是以觀看《紅樓夢》電影為標記。

為什麼文革剛結束，人們對《紅樓夢》投以那樣的熱誠？這大概（以我個人想來）是：文革十年，人們的思想被禁錮得像塊大石頭，幾乎沒有了任何個人的靈性了。那時的大眾百姓多麼希望到《紅樓夢》式的「昌明隆盛之邦，詩禮簪纓之族，花柳繁華之地，溫柔富貴之鄉」去「瀟灑走一回」。讓人重新恢復那有感覺、有情義、有靈魂、有人間諸種美妙的人生。故對《紅樓夢》電影，就特別熱衷。

然而，你可知道，紅學家們也曾經為紅樓夢與獄神廟有過一場熱烈的爭論，這或許你就不太知道。

話說一九二二年，紅學家俞平伯先生寫了一篇《後三十回紅樓夢》（載於《小說月報》第十三卷第八期上）。他首先研究了曹雪芹的書上有「獄神廟」的脂批。並勾畫出賈寶玉坐牢的情節。但對《紅樓夢》與獄神廟關係，俞平伯先生沒有來得及作深入的研究探討。

這或許在賈府被抄沒後，賈寶玉被關進獄神廟，這樣的悲劇色彩和一般市民群眾要觀看的「大團圓」結局，確有一定距離，這是中國人長久來的一個喜好。外國人喜歡悲劇的壯美，國人獨要皆大歡喜、團團圓圓。

我想，這大約因人們在世俗社會，已活得很沉悶了，故大眾一般的心理，是多麼喜愛團團圓圓——「寶玉能拜相封王，黛玉能夫榮妻貴」，……。這也是可以理解的中國人的心態。

但曹雪芹的這個小說構思，卻被打破，沒有能實現。此冤無法訴說。

寫此，使我想起一部有人認為它是《紅樓夢》仿作的小說，即晚清邗上蒙人的《風月夢》。這是一本清末的奇書，作者生平不得而知。其筆法細膩，開篇就如入夢幻，雖然，荒野仙蹤中的趣事，不敵紅樓，但甚是奇妙。人物繁多，大約十人是主角。作者以簡單的筆法，把十人來龍去脈，後事如何，交代得相當清晰。如有多情的，有無情的，有喪命嗚呼，也有奔入荒山瘋瘋癲癲。雖不及紅樓夢的場面。

但其第二十三回「公差大鬧煙花院契友私探死囚牢」中卻也講到了獄神廟。如有一段場景，寫甘泉縣監獄禁卒葛愛：「放袁猷進厶。引著過了獄神堂，到了號房前，但見吳珍周身刑具，幌在號房廊簷口，兩邊腮夾紅腫，滿嘴血跡。袁猷見吳珍這般形容光景，好不淒慘。……」

「獄神廟」在這部書中俗稱「獄神堂」，彷彿民間把土地廟又稱為土地堂，總管廟又稱總管堂一般。這或許也說明清代時期，世人對獄神廟放在監獄之中，也熟知無睹。「引著過了獄神堂」這一句話，彷彿是從監獄門口，到關押犯人的號房，而獄神廟，是必經之地，它似乎是一個過道。所以，以此可見「獄神廟」在中國，有大有小，型狀各異，這主要要看監獄的大小，地域的重要而定。

二十、紅學家趙岡的異議

這些年來，不知怎麼的了，《紅樓夢》又熱起來了。一如周汝昌已九十歲，還上百家講臺說紅樓夢，許多作家又說又寫，關於這門顯學的事。誠如宗璞說的「近十年來，作家們寫得很不少，夠辛苦了。停下來作些研究或雙管齊下，而『作家學者化』，是大好事。」也許是「作家學者化」之故，王蒙，劉心武等名作家都寫了《紅樓夢》研究的書或文章。但讀王蒙《紅樓啟示錄》卻並未提及《紅樓夢》與獄神廟的重要條目。就連周汝昌先生《紅樓夢新證》、《紅樓夢真貌》及《紅樓訪真》等書，亦未很好深究此重要紅樓事項。

這也確是個謎。

對於這般的謎，《紅樓夢》與獄神廟之迷，始作俑者，其實倒是有的。

一九七〇年美國趙岡教授在他的著作《紅樓夢新探》中，就論說了這獄神廟，但是，他把這種神秘的廟，當作了有彌勒佛、觀音菩薩的普通佛廟。他提出了和紅學家俞平伯不同的看法。他認為《紅樓夢》中的賈寶玉，沒有理由因賈府被抄沒而入獄神廟。

其依據《脂硯齋重評石頭記》第二十回中，有「嶽」與「獄」的不同寫法。確實如趙岡教授所論，「嶽」與「獄」兩字互見。現我錄其這條脂批如下：

茜雪至《嶽神廟》方呈正文。襲人正文標目曰《花襲人有始有終》，余只見有一次謄清時，與《獄神廟慰寶玉》等五、六稿被借閱而迷失。

上述文字中第一句出現「獄」字，上面還有個「山」字。

我的看法是，「嶽」與「獄」互見，確係錯寫，即見有筆跡改動了。這從脂批：丁亥夏，畸笏老人手跡可考可查。這是對趙岡教授第一條的回答。

另，趙岡教授認為：

賈寶玉不會、也沒有理由一定會下獄。此論，是否附合《紅樓夢》原作者曹雪芹的寫作意圖，這也是所涉紅學較深的一個問題，已經爭論了幾十年。

有人說，現在的紅樓夢版本，至少為我們保存了續書可讀的功勞。但是，現在極大多數有識之士，認為現版本是竄改了原作者的意圖，更少了些悲劇的意義，也不附合中國長期的封建社會週期率問題。

一七六三年二月十二日除夕，曹雪芹逝世。那時作者早已處於孤苦寂寥，舉家食粥、窮愁潦倒的境地。脂批有云：「樹倒猢猻散之語，今猶在耳……」又說，「讀五件事事未完，余不禁失聲大哭……。」於此，作者原於「新愁舊恨」寫了一部「字字看來皆是血」的小說《紅樓夢》，以抒心中塊壘。

俞平伯在給顧頡剛的信中曾說過這樣的話：「我想，《紅樓》作者所要說者，無非始於榮華，終於憔悴，感慨身世，追緬古歡，綺夢既闌，窮愁畢世。寶玉如是，雪芹亦如是。」

當然，這一切應待讀者及紅學家們，去進一步作深入的考證。此暫且不論。

二十一、獄神廟慰寶玉的情節不可缺少

我們不妨再找有關紅樓夢與獄神廟看看。紅學家俞平伯先生曾說過這樣的話：「紅玉（即小紅）茜雪，在獄神廟慰寶玉，這一段故事確實很重要。在今本後四十回是毫無影響的，而在殘稿裡卻有一大回書。」對於整部紅樓夢的故事情節的發展，俞平伯此論，說得多好。因為，一個家族的興衰，是這部小說最重要的主題。

《紅樓夢》是一部永遠讀不完，研究不盡的一部書，無論是它的「情」，無論是它的「藝」。從「情」觀之是「情僧錄」，是意蘊深涵的「風月寶鑒」。而從其「藝」觀之，是「一塊大頑石，經女媧煉後，終通了靈性」——成了曹雪芹名之謂「寶玉」，由此派生出來的人物故事，必是複雜的，立體的，多維的，其思想內涵更為深廣。誠魯迅所說「其中所敘的人物，都是真的人物。」

這「寶玉」，成了一座紅樓故事的主人公。結果是人物、道具皆出現了，有了人與物的活動，有了人際關係，產生了大喜劇故事，也有了大悲涼的結局。

誠如王蒙在《紅樓啟示錄》中所說：政與情之上是一個統一的「命」，即命運。一切皆有定數，非人力所能挽回。人生的一切皆過眼雲煙，「色就是空，空即是色」，同樣，「興就是衰，衰就是興」。其含義卻有同樣的空虛和悲涼。

今天我們看到的《紅樓夢》抄本，已發現有十多種，各類異文，不能不叫人眩目驚心。而自從一百二十回本通行以來，即高鶚續寫的後四十回中，就很少讀到《紅樓夢》（曹雪芹所想所寫的）與之有著重要聯繫的獄神廟回目了。這不論不是一個遺憾之處，也給讀者帶來了不小的損失。

紅學家們曾為了是否有必要勾描出賈寶玉入獄神廟一事，各說紛紜，爭論不休，至今不絕。

其實，無論從「情」從「藝」抑或從「政」（從興衰史讀解《紅樓夢》）都是為了讓讀者耐讀、思考、啟示。若如從曹雪芹寫作原意來看，是不能沒有「脂庚本」第二十回硃評中的《獄神廟慰寶玉》這個重要環節。

有了這個重要的環節，我們才能審視和聯繫《紅樓夢》所要闡述的「情」、「政」、「藝」，以及和王蒙所說的人世間「命運」的統一。

二十二、脂批的重要性

那麼《獄神廟》內有了賈寶玉，甚至有了連鳳姐也進過獄神廟這些重要的情節，才真正體現了《紅樓夢》成為一部「大百科全書」嗎？我倒認為這個研究應該是成立的。看一部《中國歷史》，能影響一個家族的得失與興衰，可以說沒有不與「政」聯繫起來的。看一部《紅樓夢》，不得不看到曹家從康熙到雍正，由於政治關係的變化，原是寵臣心腹，而遂漸成為階下囚，爾後一敗塗地的實際狀況。從而作者的寫作必「真事隱、假語存」，用「草蛇灰線」來完成這藝術作品。

猶如讀一部《周易》，有人說那八卦，就是古代的宗教。但說白了，《周易》不就是一部與「政」聯繫起來的書嗎，演化的脫不了興與衰的人世故事。你看《周易》，最後二卦就是「既濟」與「未濟」，就是說世界與社會永沒有盡頭，永遠在發展。只不過《周易》意蘊深深，寫作形式特殊而已。

我們從《周易》第一卦「乾」卦即有「乾道變化，各正性命」直至最末一卦「未濟」卦，告誡我們「小狐訖濟，儒其尾，無攸利。」如用今天的話說，人事在興衰枯榮的變化中，人們還得「夾著尾巴做人」，也使是說：「物不可窮也，故受之以未濟終焉」。這些，都說了與「政」的關聯，一如《紅樓夢》，由興至衰，循環不息，迄今如是。

我們說《紅樓夢》，為什麼會成為一門顯學。因為其脫離不了「政」，脫離不了人間永遠在上演著的悲劇和喜劇。我說的「政」，當屬廣義的範疇。

你看，就連魯迅，一向喜歡保持獨立的人，也因「迫切要求改變現實、而不得不倚重政治勢力這一層意思。魯迅同周作人之間的不同點就在於：魯迅是『我在故我思』，周作人是『我思故我在』。」（見舒蕪談話——「許福蘆撰文懷念老作家舒蕪」）

我想，紅樓的興衰，無不與「賈氏抄家後之破敗」休戚相關。雖說賈府的敗落有綜合的因素，但最慘重最具沉重打擊性的，是「賈府的抄沒」。而這「抄沒」的直接原因是：「一道政令的下達」，在這政體中，任誰也無可奈何花落去。這是中國封建社會駕輕就熟的本領。也算是一項不用申報的專利。從今日紅學家的研究看，即：一七二八年，（清雍正六年）曹家獲罪抄家，拿問進京。

拿問進京，即押入京城的監獄（天牢）。因為曹家畢竟是顯赫宦官人家。抄沒後，進入了監獄的優待室。而監獄內的優待地點，也只有「獄神廟」內一處。

在《紅樓夢》脂庚本硃批中，畸笏老人有丁亥（一七六七年）的批語：「此係未見抄沒獄神廟諸事，故有是批也。」這距雍正六年（一七二八年）相距了約三十九年。那時的曹雪芹，正好是四十四歲，壯年時期。正值半生潦倒的曹雪芹，寫《石頭記》時，確要掉下「一把辛酸淚」來。和曹雪芹同時代人的敦誠，看到曹家的敗落（也可說是「賈府」由盛走衰），不禁贈了二句詩：

滿徑蓬蒿老不華，
舉家食粥酒常賒。

這不是正好描繪了賈府被抄沒，賈寶玉入獄神廟後的淒慘情景嗎？

在這裡我想再引證一點史學家史景遷，其在《曹寅與康熙——一個皇室寵臣的生涯揭秘》一書中，證實了曹家的沒頂之災，正是一七二七～一七二八年之間。現摘其如下：

一七二七年二月八日，噶爾泰（注：時任兩准巡鹽御史）呈遞了一件奏摺。而當時雍正皇帝，奏中朱批了這樣的話：「原不成器」，「人亦平常」。一七二八年一月曹頫被撤職。被控任職期間虧空款項。那時，雍正仍在進行對胤禩和胤禟有關人員的清洗。這可能也是一個因素。後奉旨查抄江寧曹家。《紅樓夢》小說中賈寶玉、鳳姐入獄神廟，也應是這個年代。

乾隆初年，即一七三五年雖有詔令追封曹家興盛時的奠基人。但曹家沒能獲得長久的復興。這正如脂批所說的：「『樹倒猢猻散』之語，余猶在耳。屈指三十五年矣。傷哉，傷哉！寧不慟殺？」

此傷心回憶的話，約寫於一七六二年。三十五年之前曹家的大劫難，便是在一七二七至一七二八年之際。世事滄桑巨變，可以說是曹氏人家族所有的生命，在康熙、雍正、抑或至乾隆，在時空座標點上的具體活動過程，也是他們許多人的生命緊緊聯結著家庭覆沒前的快樂時光。

所以，史景遷先生認為：不應改變《紅樓夢》原來歷史的悲劇性。因為，將這個隱喻（即樹倒猢猻散）推向它的邏輯結論，便是合理的。

二十三、顧頡剛的認同

顧頡剛先生在研究紅樓夢時說，賈寶玉入獄神廟是情理中的事。那是因為綜觀曹雪芹八十回全文，未言寶玉將來要出家。

其實曹雪芹自己倒說出了真意：風塵碌碌，一事無成，今日一技無成，半生潦倒，當此蓬牖茅椽……。這失意之狀，有像賈府被抄後，賈寶玉入了獄神廟，爾後，又從獄神廟出來的一番情景。當然，《紅樓夢》雖以作者經歷的真事為藍本，可畢竟是小說，不是一部信史。定然有虛構的成份在。況至今《紅樓夢》的作者是否定是曹雪芹，乃或是曹氏家族中的一個其它人員，尚有爭論。

但是，賈寶玉被關押進獄神廟，是合乎曹雪芹寫作原意，也合乎賈氏家族興與衰的發展邏輯。

因為，世上一切事物，上至一個民族、國家，下至一個家族，一個家庭，不可能沒有變化，就此終止，永遠美滿。賈氏家族必然要從興旺走向衰落。完成，永遠是另一未完成的開始。如一部《易經》，其意蘊豐富，然發掘其隱藏的本質，還是體現了天地自然、陰陽盈虛的資訊，以及社會人生之真諦。

真諦是什麼？我看之《易》，就在它極妙地設計了最後二卦。他有點兒像一部《紅樓夢》的發展程式。

最後一卦是「未濟」，即未完成，也可說「沒完沒了」。而它前面一卦，卻是「既濟」。「既濟」是極度的完成。這從《紅樓夢》的發展關係來說，便是完成（興旺）到了「極度」，用《易》道哲學來講，到了「極度」——便走向其反面，即「未濟」了。

人間的興盛與衰敗，亦便是這一永遠的循環。一個中國封建社會家族的週期性興旺和衰敗，便如是結構模式。在長達二千多年的中國社會，總跳不出這般的週期率。賈寶玉所生所在的大家族，即屬如此的一個典型。所以，賈寶玉在大家族被抄入獄，是符合中國封建氏族週期性發展規律的。所謂「君子之澤，五世而斬」，抑或「富不過三代」。以上是從中國大家族發展史規律來講。

另一面，若再從《脂硯齋重評石頭記》二十七回上講：

紅玉願意跟鳳姐去的事……

而讀過這段話後，我們又即可在夾縫中，讀到的硃評：

且係本心本意，獄神廟內方見。

這些都是在「獄神廟」內發生的事情，是一個明證。二百多年來，對《紅樓夢》的爭論，是其中一個非常重要的內容。至於紅學上的索隱派，索得好的，是有依據的，索得牽強的，似有點「為賦新詞強說愁」的姿態。

二十四、獄神廟裡還有下人服侍

既然是紅玉意願跟鳳姐去，我想對《紅樓夢》有興趣，有研究的讀者，當然自能了然其意。

我們可以再注意《靖藏本》第四十二回中，那另有的一條脂評：

獄神廟相逢之日始知：遇難呈祥，逢凶化吉。實伏線千里。

脂語強調的有著「草蛇灰線」之妙的《紅樓夢》，其中有描寫所謂於寶玉有大得力的地方，我們即可想見獄神廟內發生了什麼事？這確是個神秘的地方，我想「留一點謎語讓你猜」。

在脂批《紅樓夢》中，很多次記錄賈府抄沒事敗後，賈寶玉進了獄神廟，朝廷當局，似並不息事了結。可以說鳳姐也被牽連進了獄神廟（坐牢）。是否真有此事的發生，紅學家們為鳳姐的事，也為她女兒的下場如何？其爭論，也有半個多世紀了。

當然，賈寶玉抑或鳳姐，都進過這監獄的優待室——獄神廟內，當然，朝廷允准那裡有服侍的下人，那便是紅玉（即小玉）和茜雪。

紅玉（即小玉）是一個很有頭腦，伶俐乖巧的下等丫頭。能被鳳姐獨具慧眼地看中，被調配到鳳姐身邊。後來當鳳姐被牽連進了獄神廟，紅玉當然願意在主人遇難時，作一番奴僕的報恩與貢獻了。中國式的僕對主忠，是一種傳統。「忠不忠，看行動嘛！」

曹雪芹撰寫的這部《石頭記》，妙就妙在有這些個動人的細節。

可惜，在今天，我們大家一代又一代人翻閱的《紅樓夢》裡，是尋覓不到賈寶玉、鳳姐、茜雪、紅玉等諸多人物，在獄神廟內活動的情景和細節了。這都被那些好事者，所閹割掉了。這對我們今天的人讀這部巨作，實在是一大憾事。

但願後人能在拙著《中國的獄神廟》內，據前人所留下的硃評，少量的文字記錄，細細去探幽尋微，體會出《紅樓夢》原作中，那獄神廟的情景。有了這些（即復原了的場景）與許會給你帶來另一番《紅樓夢》的情景和意蘊。

二十五、探庵還是探廟

如今我們讀到的《紅樓夢》版本，不知曹公在天之靈以為然否？而今天來探尋獄神廟與《紅樓夢》之關係，幸最早的原本中，存有了一些脂評或脂批，如從某種意義上講，便是一種對曹雪芹《石頭記》寫本的返歸，也是後人還曹公一個公道。當年魯迅先生讀《紅樓夢》的點評是：「斥偽返本」和「掃蕩煙埃」，我想，至少是一種「返本」吧。

因為曹雪芹的原創性遭到了閹割，他所要表述的創作原貌，受到了莫大的纂改，而一代一代的讀者，受到了欺蒙，由於這些，今天的一代一代「紅學」探幽尋微者，才有了存在的價值。

今天，我們談獄神廟，為什麼在《紅樓夢》，只找到了曹雪芹前幾十回中的脂評呢？以後的回目中就不出現了呢？那是今天我們大家讀者的是程偉元、高鶚續書後刻的版本，這樣的《紅樓夢》，有意無意地纂改了曹雪芹的創作原意。若如按照曹雪芹的原創性，那今天我們可見《紅樓夢》與獄神廟的事，還有許多許多回目可看。

梁歸智先生撰《石頭記探佚》一書，對「八十回以後的賈芸與小紅」，文中也探佚了《紅樓夢》與獄神廟的關係。他說，靖藏本第二十四回，有一條批語：

醉金剛一回文字伏芸哥仗義探庵……

這「庵」究竟是什麼？有紅學家說，這庵也就是「獄神廟」。而梁先生認為是女子所居的「尼姑庵」。

梁先生認為賈芸與紅玉為寶玉和湘雲的結合而奔走，所以小紅與茜雪在「獄神廟慰寶玉」，而賈芸則「仗義探庵」，而為尋找史湘雲。

我以為不然。一是，當寶玉進了獄神廟，史湘雲卻一定要進尼姑庵嗎？進尼姑庵，一般來講，是個人的一種自覺行為，當一個人萬念俱灰，想圖個清靜的女子，她才入尼姑庵去。另則，於宮廷鬥爭之失利女子，為了一時隱退再圖復出者，也有可能進尼姑庵，但那是極個別的例子。

探尼姑庵，決不要什麼「仗義」的行為，一般情況下，你隨時可去。人只是在人生之旅中，碰到了正義和非正義的事情，才需要「仗義」而為，拔劍相助。

二是，許多紅學家認為連鳳姐也牽連進了獄神廟，為什麼他們從不提什麼鳳姐進尼姑庵呢？

今天，大多數紅學研究者對「脂評」有持別肯定的地方，那麼，這「庵」也應是「獄神廟」無疑。

脂評畢竟從來沒有談過尼姑庵的話。這就不可能突兀地冒出個屬中國佛教範疇的尼姑庵來。

有興趣的讀者，不妨再仔細翻讀《脂硯齋重評石頭記》這本書，我是在馮其庸先生那裡讀到的。富陽古籍印刷廠還能買到，而且印版不錯。是乾隆二十五年（一七六〇）庚辰秋月作者之定本，時離曹雪芹逝世之壬午除夕，即一七六三年二月十二日，僅隔兩年有餘，應屬《紅樓夢》第一個定本。此書線裝八冊，前有胡適、馮其庸親筆所寫的序跋。我想，如無此版者，不妨可購，讀之興許有益。

二十六、被毀與重建的獄神廟

獄神廟，在《紅樓夢》脂批中，有好幾回小說情節，都寫了進去。這不只是給這部小說增添了質的變化，而且有了「獄神廟」的主題，無疑給考察中國封建社會的社會結構，增加了歷史的真實記錄。

我國的傳統制度，縣級以上的行政單位才設有監獄，縣以下及鄉一級行政機構，只設拘押室，也就是漢代稱謂的「犴」。

《漢書・刑法志》上記載了這麼一段解釋詞：獄犴不平之所致也（注：鄉亭之繫曰「犴」，朝廷曰「獄」。）

今日，如果考究賈寶玉入的獄神廟是在何地，也許很難有紅學家能考查出京城的那個地點。

但回答是肯定的，總之是在縣以上的行政單位。我曾經在鄉下讀過幾部地方誌。我記得有一部縣誌中，曾記載過縣級「獄神廟」的事。

據此縣誌所載：明代萬曆年間，是該縣初建獄神廟的時間，經過了約二百年左右，在清康熙七年，作了首次重建。大約又過了一百九十多年，於同治年間再次重建，即末次重建。原因乃是首次重建的獄神廟，已於「咸豐間毀於兵燹」。指毀於太平天國的戰爭炮火中了。

據資料考證，這裡的獄神廟（縣監獄），可能是太平天國英王陳玉成所屬部隊，在佔領該縣時所毀。同治十二年二月（西元一八七三年　月）又重新修建該縣縣獄的「獄神廟」，並被記於這部縣誌中。

我贅述了一個縣衙，毀建獄神廟的一些情況，也許有助於我們今後考證《紅樓夢》與獄神廟的關係，有所啟發。興許，我們的紅學家們，今後能在一些地方誌史中，作相應考據。這興許是對紅學的另一種有意義的索隱。

二十七、又一位獄神——蕭何

我們一定還記得曾傳誦一時，說毛澤東晚年至死，一部《容齋隨筆》一直陪伴在他身邊。

而宋・洪邁在他寫的那部《夷堅志》上，記錄著這麼一段語詞，而這段語詞有注中國獄神廟卻非常重要：

宣黃縣獄有廟，相傳奉事蕭相國，不知所起如何也？

不知當年毛澤東在讀了這段文字時作何想法。從這段詞語，我翻了許多本有關獄神廟的史料及筆記小說，總不能尋找到，是什麼緣故，中國獄神廟的首任獄神皋陶，到了宋代洪邁筆下，怎麼竟讓位於蕭相國來擔綱了呢？

不過仔細分析，在讀多了些野史裡，也可讀出一些端倪。蕭相國何許人也？司馬遷說，他本一個文牘小吏，平平庸庸，無所作為，沒有什麼突出的表現。等到大漢興起，他（追隨高祖），依靠日月餘光的照耀，（才名顯天下）。蕭何謹慎地守護關中這一根本重地，利用民眾痛恨秦朝嚴刑苛法，順應時代的潮流，與百姓們一起更新政治。淮陰侯韓信及黥布等人都被誅殺，而蕭何的功勳光輝燦爛。漢朝建立，位居群臣之首，聲名流傳後世。

也許我們一聽他的名字，便知道這位獄神，卻就是漢初幫助劉邦打天下，並在漢初，手定律令的第一任相國——蕭何。人家一定知道「蕭何月下追韓信」這齣京戲。這蕭相國便是也。故後世稱獄神廟，又稱為蕭王殿、蕭王堂、蕭王廟。我們還能在民間聽到許多故事，講到的是蕭相國廟或蕭老爺廟的傳說。

為了這獄神廟的典故，我曾幾次去請教過我們當地的老文史館員，一位國內有名詞人和中國畫造詣很深的高齡達八十七歲的吳藕汀老先生。他說：「我曾執掌江南嘉業堂藏書樓多年，手中經過的書達數十萬冊書，似乎獄神廟沒聽說過，倒是蕭王殿、蕭王廟聽說過。」

殊不知，漢初的蕭何，後來成了中國獄神廟的第二位長官。而那第一位首任獄神廟長官皋陶，時間久了，自然已被人遺忘了。在這方面倒幸虧有宋代那位知識淵博的洪邁，給歷史傳承並記錄了下來。

二十八、閒話：

洪邁之權威性

宋代洪邁，見識廣博，生於一一二三年，是南宋饒州鄱陽（今江西省上饒市鄱陽縣）人。出生於一個士大夫家庭。父親洪皓、哥哥洪適，都是著名的學者、官員。哥哥官至宰相。紹興十五年（一一四五年），洪邁中進士，授兩浙轉運司幹辦公事。因受秦檜排擠，出為福州教授。後曾做過吉州、贛州、紹興等地知府。後入史館，修《四朝帝紀》，又進敷文閣直學士，直學士院，深得孝宗信任。淳熙十三年（一一八六年）拜翰林學士。進龍圖閣學士。嘉泰二年（一二〇二年）以端明殿學士致仕。卒於一二〇二年，贈光祿大夫，諡文敏。

洪邁學識淵博，著書極多，文集《野處類稿》、志怪筆記小說《夷堅志》，編纂的《萬首唐人絕句》、筆記《容齋隨筆》等等，都是流傳至今的名作。

作為一個勤奮博學的士大夫，洪邁一生涉獵了大量的書籍，並養成了作筆記的習慣。讀書之際，每有心得，便隨手記下來，集四十餘年的成果，形成了《容齋隨筆》五集，凡七十四卷。這從他留於後人的《容齋隨筆》即可看出。

說來也奇，在我們的生活裡，一哄而上，間或一哄而「紅」的人與事，實在太多太多了。譬如一盆花，如「君子蘭」，因周恩來喜歡，可炒得熱火朝天，身價可以猛漲十倍，抑或百倍。一張畫，如豐子愷自己也認為無所謂的、很隨意就勾描出的漫畫，因日本人喜愛，身價即張百倍。一個人，如洪邁者，因《容齋隨筆》是偉人常讀的書，這本書就身價百倍。

那年，我到北京一位曾任過某部常務副部長，到他家裡一坐，他開口就是洪邁，閉口就是《容齋隨筆》。

這是我說到洪邁時，隨意插了些題外的話。那洪邁也確是知識淵博，他熟知本朝掌故。但在他的《夷堅志》中及其它筆記中，也始終未提及在何時、何故那首任獄神廟中的獄神，皋陶之位，後為何由蕭何接任了。可見在很久以前，那獄神之位，也許早歸姓蕭的擔任了。

據推算與考據，那新舊獄神接卸的時間，可以假定在五代。此說，雖至今無經學院派的教授、博導們，有理論考據文章來論證，但基本是不會太離譜的了。待今後有學院派教授，讀了我的閑說後，若真有了新的考證時，再來加以訂正不遲。

二十九、皋陶貶為下屬

雖說新獄神的上馬，約略在五代時，由蕭相國前來擔任了。但首任獄神廟中的皋陶獄神，在失去獄神之位後，與獄神廟的關係，也並非就此一刀了斷。要證明這一發現，無不可以翻一翻時下已被電視越炒越熱了的《水滸傳》。

可翻到第四十四回，讓我們慢慢往下讀：

已牌時候，獄官稟了知府，親自來做監斬官。黃孔目只得把犯由牌呈堂，當廳判了兩個斬字……，就大牢裡把宋江、戴宗兩個撬紮起，又將膠水刷了頭髮，綰了個梨角兒，各插上一朵紅綾子紙花，驅至青面聖者神案前，各與了一碗長休飯，永別酒，吃罷，辭了神案，漏轉身來，搭上利子，六七十個獄卒早把宋江在前，戴宗在後，推擁出牢門前來。

我們還可以根據上述所言，再讀一讀清代的程穆衡先生所撰的《水滸傳注略》。其中注略了以下一段話：

青面聖者，獄中皆有蕭王堂，祀蕭何。其青面神，相傳為蕭王的判官。

此聖者的「青面」，顯然與第一位獄神皋陶那「狀如削皮之瓜，青綠色」的外形特徵相符合。《水遊傳》中記述的青面聖者，無疑即是皋陶的了。

對於這，舒蕪先生就有一《青面聖人》的文章，其中說到，他外祖母家因離西城門較近，那裡就是斬殺死囚的地方。外祖母常說，「先把囚犯提上公堂，問他還有什麼話說，當他答應無話，或雖有話而也當作無話之後，就宣判，把朱筆一點，把公案嘣的一下推翻，表示無可挽回的意思。接著就給他吃酒吃肉。接著，就要他拜『青面聖人』，接著就是綁赴刑場……。」此文舒先生寫於一九四五年七月二十八日，於白沙。

但舒蕪對青面聖者是誰，一直不知道，到時隔三十八年後，他才弄清楚。所以他於一九八三年，又寫了一篇附記，不妨抄之如下：

「青面聖人」其實就是傳說中堯時刑官皋陶，魯迅的理水裡有鳥頭先生要拉別人到皋陶大人面前去「法律解決」。他「面如削爪」，就是面色發青，像爪皮被削之處。因其為古史上第一個刑官，故被尊為獄神。我當時連這都不知道，胡推亂測地寫了一大篇文，的確幼稚。但現在過而存之，卻是因為我當時所要攻擊的對象是確確實實存在的，我沒有看錯，這一點上我並不幼稚。

那麼，皋陶為什麼在五代時期，讓位於蕭相國來擔當獄神了呢？這緣由，也許正與皋陶生了一付青面的惡相有關。這不是與殺人的劊子手，同樣令人害怕，被當作死亡的象徵了嗎？因而他才成了死犯在處決前的必祭之神。皋陶讓位於蕭何後，並沒有外出另謀高職，卻願意依然留在獄神廟內擔任蕭何的下屬，被降職改任為判官了。這僅是在獄神廟內，所擔任的角色不同。

但我想，這獄神職務的更迭，是否說明了中國監獄文化史上的一些變遷與發展呢？

三十、獄神廟內坐牢

南京的老作家陳椿年先生在閱讀了我的《獄神廟聞錄》後，恰逢他在寫一部以「朱三太子」為經緯的長篇小說，後他撰文補充了孟森教授著作中有關獄神廟內的資料。他還來信說：「搜索記憶，三十年代在上海出版過一部《中國監獄史》，但其中也沒有關於獄神廟的資料」。

其實，以我想來，獄神廟與監獄，猶如毛之附皮，監獄史定會在獄神廟中反映出來，這是為什麼呢？這也許是研究中國監獄史的另一條蹊徑。清末修律大臣沈家本，一生走的可謂是法律生涯，幾十年在刑部研究各朝刑律，最後寫了精華式的監獄史集成《獄考》，這位中國法學泰斗式人物，談了獄神廟的許多考證。

現在看來，譬如有人在獄神廟內坐牢，不是說明了獄神廟內有牢房這個事實嗎。

獄神廟不是專門祭神之處，它可能還派別的用處。又譬如犯人多了而監屋不夠，監獄向外輸出一定數量的犯人。當然，也可能監屋大而犯人少，有人就在獄神廟內坐牢。

在中國的獄神廟內坐牢，那是因為獄神廟內的生活條件比監內的好。於是，我們可以觀察到輕罪犯人，有時也能在獄神廟內優待。

同時，也可推知並提出一個新問題，即重罪犯人花錢，就可以交換這種優待。並以此類推，是否可以得出賄賂數額特別大的犯人，乃或「官官相護」的就能得到更特殊的優待……。

這樣看來，中國獄神廟的神秘的魅力，就在於獄神廟內具有不同於監牢的優待室，以及各類的優待條件。

優待室——獄神廟，不就是中國封建社會司法體制的秘密嗎？

曹聚仁先生有《中國的秘密》一文，他說：中國為什麼總有疫癘，凶歉，氾濫，相繼而至？中國官員為什麼不能夠防遏它？……中國的統治階級，「不想辦事，只要辦人」……「中國的秘密，從幕的另一角正透示給我們。」也許，中國的司法體制的秘密，也正從另一幕，可窺其秘密。

三十一、獄神廟內的佈局

我對中國的獄神廟進行了一些描述與考略，當然，各人的思考方式和思考路線不同。上述列出的各個條目也會有不同的看法。但我們不妨參看清代對監獄有以下的一條規定：

內監，凡強盜及斬絞等重犯均入內監。外監，軍（充軍）、流（流放）以下輕罪居之。內外監以垣牆隔之。

——《清會典》

我曾據此《清會典》，查對了許多縣一級地方誌，這些縣級行政單位，大都是建有一些典型的小監獄。很少分什麼「內監」與「外監」。

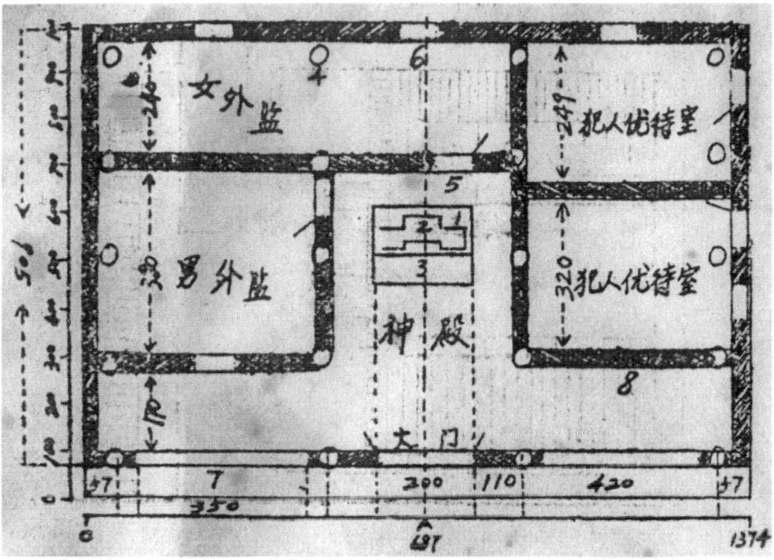

縣獄獄神廟（蕭王殿）復原平面圖。

我想在此對這些「百里候」所轄的小型縣獄，略作描述，以供大家消閒讀之。

這些縣獄，大都是內外監合建為三間牢籠，而獨建屋宇的，卻惟有獄神廟與禁卒房。整座小縣獄朝向是：南是監牢（有分三間，有分四間），座北方向是獄神廟（蕭王殿）。南北面積相同。中間隔開的是一塊空地，用作犯人放風的空場。

縣獄有內外圍牆，內外圍牆之間設有小弄堂式的循環的巡邏道。這是用作白天或晚上獄卒巡邏看守犯人的用處。考慮到走廊緊接的監牢南牆和獄神廟（蕭王殿）東牆，當開有若干小門和鐵柵窗。在重重圍牆外，建有禁卒房，均有隔牆相隔，並有內外獄門。外獄門外有走道，再連接吏員辦公室。

如此，統觀全獄，真是圍牆重重，戒備森嚴。縱然你有飛簷走壁的武功，也難逃獄卒之防。從上述的描述，那獄神廟（蕭王殿）只有一間，其實它的面積與監櫳成三間或四間一樣大。可見那大間內肯定是內分了三間或四間。這是為什麼呢？

原因是，獄神廟內佈局作了改變。

又如明朝時，上海地區有一府五縣一衛。即松江府，府轄華亭、上海、青浦三縣，及屬於蘇州府的嘉定縣、崇明縣；屬於中軍都督府的金山衛。約萬曆年間，各監獄始分設內監、外監。內監禁死囚犯；外監禁徒、流刑以下罪犯。府監管獄官為司獄，縣監管獄官為吏目或典史。不設典史的縣，以主簿兼理獄務。不少監獄的大門又重又厚，不僅終日關閉上鎖，一到晚上還要封上蓋有縣官大印，並有管理監獄的典史甚至縣官本人親筆畫押的封條，到第二天早上才由典史驗封打開（《上海監獄志》）。

這便是當年縣一級監獄牢房的大致設置。監獄使獄神廟改變了單是用來祭神的性質，從而使獄神廟內增建了優待的牢房。

反正朝北的獄神廟面積與朝南的三四間監籠一樣大。中間還隔有一個放風的空場，可隔眾人的耳目。故何不派別的用處呢。至於中國省一級，乃至一如京城黃門北寺獄這樣的大監獄，其內設是如何狀況，就不得而知了。

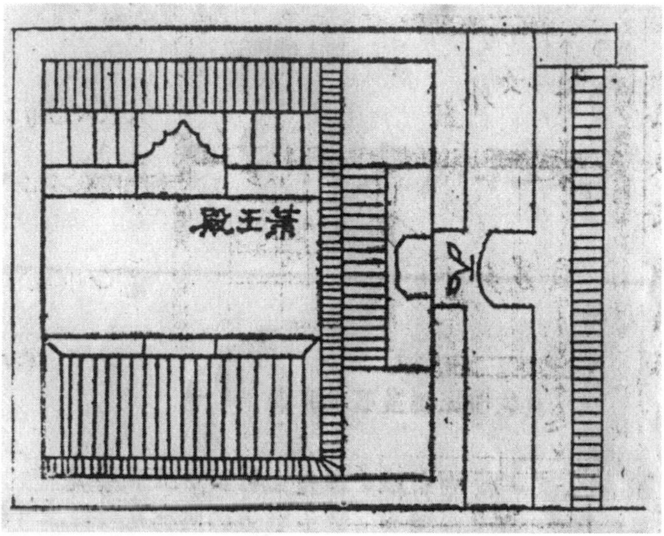

獄神廟在縣獄所的位置（平面圖）。

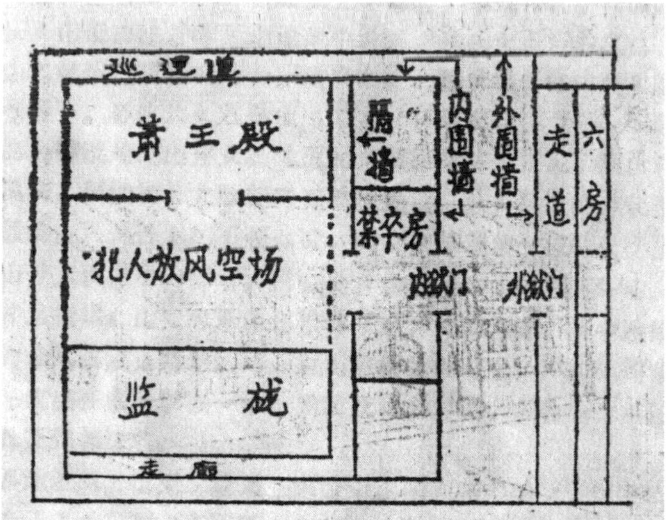

獄神廟在縣獄所的位置（平面圖）。

三十二、《龍圖耳錄》中的描繪

一部宋代小說《龍圖耳錄》，講到獄神廟內的審案記錄，不能不引起中國老百姓的關注。

《龍圖耳錄》中有一則故事，記錄了原告馬強與被告倪太守，在京中大理寺打官司，由於案情複雜，案件一時無法判決。然而，審案官文大人對待兩方的態度，卻截然地不同：

「吩咐將馬強帶去收禁。」（這是對原告馬強的做法：即押解到監獄牢籠裡去）。

而對被告倪太守呢？審案官馬上另一番態度：

叫人將太守帶到獄神廟好好看待。（見《龍圖耳錄》第七十一回）

審案與司法程式應是公正、公平的原則。但由於被告是當過太守的官僚，一旦入獄，也要對他優待三分。

這便是：馬強被關在牢裡，倪太守被送進了監獄的優待室——獄神廟內。這也分明體現了封建社會中司法體制上的「官官相護」。審案官吩咐對倪太守「好好看待」，這不是說明了獄神廟內一定會有好的房間嗎？否則那能談得上「好好」兩字呢。

我倒勸細心的讀者，不妨讀一讀《龍圖耳錄》這部通俗文學。那裡講到『獄神廟』他地方也多。

如第十九回：《巧取供單郭槐受戮，明頒詔旨李後還宮》，其中寫到包公（包青天）審郭槐時：

「郭槐那裡還掙扎得來，早已癱臥在地。包公便叫搭下去。那知公孫策早已暗暗的吩咐差役，叫把郭槐搭在獄神廟內。又把提牢叫來，吩咐好些言語。」

「且說郭槐到了獄神廟，昏昏沉沉，蘇醒了多時覺得周身疼痛，坐臥難安。忽聽有人悄悄喚道：『太輔老爺，你老多有受驚了？……。』」

為什麼郭槐犯了罪能住進獄神廟內，公孫策還要好好對待呢？那是因為罪犯郭槐是「太輔老爺」。他的後臺很硬，是當今皇上的劉后。當包公把郭槐供招奏明仁宗皇帝後，劉后對仁宗還勸說：「郭槐係先皇老臣，望皇兒額外赦有。」這「太輔老爺」入獄後，當然連六親不認的包大臣，也要讓他進優待室——獄神廟內去的。

讀者如對獄神廟內的許多宮廷軼聞有興趣，可再觀看中國百姓都知道的戲劇《狸貓換太子》。當然這獄神廟的佈景，能否搬上戲臺，這還得看導演的高明技巧。

三十三、劉心武的《獄神廟之謎》

我曾根據多年來研究紅樓夢與獄神廟的關係，寫了一個中篇小說，題名為《獄神廟裡慰寶玉》，主要描繪了賈府被抄後，曾一度在「獄神廟」中活動的人物，如小紅、茜雪、寶玉、鳳姐、賈芸、柳湘蓮、醉金剛、王短腿等。可知在雪芹的後半部原稿中，不但在「榮府事敗」脂評語之後，有許多人被捕入獄。有說，寶玉和鳳姐竟被判了死刑或流刑。

小紅、茜雪去探監，是在臨刑之前借「祭獄神」的名義去賄賂獄吏，所以能和寶玉等在獄神廟裡相見。那麼又是誰幫助他們設法越獄呢？當然只有「俠義」、「豪傑」的醉金剛，以及「有膽量、有作為的」「相與結交」之人——那時，已成了獄神廟的獄吏、禁子的王短腿等人物。

當寶玉、鳳姐都已進了獄神廟的時候，卻是她們冒了很大危險，入獄慰問她的舊日主人；又通過市井豪俠和有膽量的獄吏之類，把他們從監中救出。可以說，這中間的關鍵人物是寶玉的「義子」賈芸。我的小說的情節（見《紅樓半畝地》），在「獄神廟」內，是寫了小紅、茜雪一類的下層民眾，她們的美好品德和對寶玉的一片深情，他們與深得賈府幫助的賈雨村一類寡恩刻薄之人，形成了鮮明的對照。

當然，能在獄神廟內完成這一切情狀，其實，可能另有一隻無形的手在起作用，比如：「皇帝姑念舊恩，對賈府年輕一輩的子弟，放鬆一馬，從而使得賈寶玉、王熙鳳能夠脫卻牢獄之災。也有可能是北靜王之類權貴高官，念在與賈府世交的舊情上，對皇帝或主審官員說情，才使得對寶玉、熙鳳在獄中放鬆一些，或判輕罪、或被釋放。」

近讀李慈銘《越縵堂日記》載：「近日周瑞清等入刑部獄，索費至三千金……周瑞清得小室三間，龍（另一人）止一間，可自攜僕作食，且通家人，賓客往來」。又讀到：譚嗣同被捕入獄之後，為了獲得較好待遇，立即買通獄卒暗中通知家人胡理臣和羅升，要他們「速往源順鏢局王子斌王爺處，告知我在南所頭監，請其設法通融招扶」。王子斌即近代有名的人物大刀王五。

可見，在封建統治之下，監獄制度在獄卒的貪婪和金錢的腐蝕下，形如虛設，只要有錢，即使中央監獄的嚴規例條，也是一紙空文，像譚嗣同這種當時看來異常嚴重的政治犯，也能通過通融，可在類似獄神廟內，改善生活條件。

劉心武在《獄神廟之謎》中也曾說：二〇〇六年十月，到了河南南陽市內鄉縣，那裡有一座保存得相當完整的清代縣衙。這是早就聽說，也極想參觀的。進入以後，發現那縣衙果然「五臟俱全」，與北京紫禁城並稱「北有龍頭，南有龍尾」，也確實有其道理——是與清代最高權力運作中心配套的基層的權力運作中心的完整標本。它的儀門西側有一偏院，院門兩側有狴犴的浮雕，狴犴是露著鋒利獠牙的怪獸，古代把它作為監獄的圖騰，讓人見之悚然生畏。這就是所謂的南監。於是我馬上想到：既有監獄，裡面會不會有獄神廟呢？走進去細看，呀，果然有獄神廟！這可是清代的原物啊！曹雪芹筆下的獄神廟，應該大體上就是這個樣子。

關於河南內鄉縣衙內的獄神廟，記得在《炎黃春秋》曾有刊出，當時，曾彥修先生還特地從北京寄了我刊出於此刊的一幀圖片。記得那刊是二〇〇〇年第一期，題目是：內鄉衙門：舊政權結構的縮影。

三十四、《果報錄》之一

《倭袍傳》是彈詞底本，全名《繪圖校正果報錄》，八卷一百回，二言書目。沒有作者，胡士瑩的《彈詞書目》中說是海芝濤著。清光緒庚子（西元一九〇〇年）甌生居士作序，出版刊行石印本，共八本。此外，另有一種版本名《繡像全圖荊襄快談錄》，分為孝、悌、忠、信、禮、義、廉、恥八集，每集一卷，也是一百回，二言書目。甲午（西元一八九四）年出版，作序人是半癡子，也是石印八本。還有一種版本叫《全圖果報錄》，十二卷一百回，二言書目，沒有序，也是石印本，共十二本。

《果報錄》講的是一個因果循環，善惡有報的故事。中國歷史上有許許多多的「百里候」，那麼在他們管轄之下，便有許許多多大小不一的縣獄。而中國也經歷了許多內戰或外族的入侵，必有人口的流動和人口的增減。人口問題，也直接反映了監獄的多少，戰爭的發生，抑或戰爭的前後，也反映了司法的恢復與正常。這也反映了某個時期內監及外監建造的多少。

況且，在社會中，輕罪犯人數總比重罪犯人數多，這也是規律。在這些方面，為了克服困難，就也出現了在獄神廟內，設置著男女的外監之比例，縣一級行政監獄，具備這般設置，如光緒年間所修的《孝豐縣誌》載：「縣署在城內西北隅……監獄內蕭王殿一間。」

清人程穆衡《水滸傳注略》也云：「青面聖者：獄中皆有蕭王堂，祀蕭王。其青面神，相傳蕭王判案。」清初小說《賽紅絲》第七回，獄卒朱禁子被惡棍皮監生和屠才收買，欲害死無辜秀才宋玉古，他擔心公正之神獄神的懲罰，便私下事先求拜獄神的寬恕：「（朱禁子）因有事在心，吃了一肚子酒，磕了四個頭，說道：『獄神老爺在上，要害宋秀才性命，皆是皮監生與屠才之過，實與小人無干。小人不過得他幾兩銀子養家活口，望老爺鑒察。』說完頭起來，又篩了一大碗燒酒，吃了壯壯膽。」

那大監獄也不例外，就算《紅樓夢》裡的賈寶玉、王熙鳳等人被關在天牢的獄神廟內，也無不如此。不過獄規是一回事，實際的做法又是另一回事。在中國漫長的封建社會裡，不論大小監獄，只要犯人有本衙官員相助，或出錢賄賂監獄吏卒，都能得到生活上的優待，軟禁或押解在優待室中。即使重罪犯人或待決的死囚，也會有同樣的關照不誤。

許許多多的資料表明在一些縣級地方誌中，可找到這些獄神廟內怪異的記錄。而《果報錄》中的獄神廟，還很善於設置場景、渲染氣氛。如第十二回《雨夢》中，寫王文見了刁劉氏後，對她戀戀不忘，思念不已，在雨天裡還做夢，夢醒之後，聽到淅淅瀝瀝的雨聲，一時不知身在所處。

再如王文和刁劉氏被抓入大獄後，獄中氣象森嚴，彷彿有蛛網密佈，蝙蝠往來，二人心中害怕之極。心情與環境相當契合。而且，抒情的詩句俯拾即是。這就使得《果報錄》這部作品，情景交融，契合心靈。

但是，此只有在「刑不上大夫」，極力維護權力階層道德尊嚴的帷幕下，才能實現。普通百姓，可就沒有這番夢與雨的情景。

三十五、《果報錄》之二

——蕭王殿

我至今無法考證，這類把獄神廟變成優待室，究是那朝那代起始的。及至讀到那部《果報錄》，關於獄神廟優待室的記載。方知這一「優待」的「佳話」。凡能住進獄神廟內的人，其心態、行為、舉止，原與我想像的，可大不相同。有關獄神廟，在漫長的歷史巧作中，慢慢地被演化成為社會上有權有勢的人服務的機構，一旦犯了法，就可躲進這「雅座」中去。

清代的獄神廟，在南方一般稱為「蕭王殿」，當然是因為廟中所供奉的塑像是蕭何，俗稱「蕭王老爺」，其殿中「獄神端坐中間」。

這部用吳語寫成的彈詞小說，寫得活靈活現，頗值一讀。可以說是世俗小說的一個經典。通過吳方言、運用彈詞說唱，反映了民間創造的文學價值，同時也反映了那個時代的民間生存狀態。

書敘王文與劉氏通姦，謀害了劉氏之夫，案發後雙雙被捕入獄，各自囚於獄神廟內的男女外監中。但獄神廟在這部彈詞小說中，是怎麼描繪的呢？讀者也許有興趣，就去看看。

如女犯劉氏的乳母許婆，到女監去探望當年她的「小姐」，她先經過男犯所在地，再到蕭王殿。女監則在殿后。許婆在未進監之前，先從門「洞中遞進包中物」然後：

（唱）：裡邊是鑰透三簧開鎖看，外邊是挨身而進把頭搖。喝唷！日間尚且陰風慘，夜裡還防鬼哭號……塵埃撲面穿彎曲，只見囚徒成群鐵鍊牢，蓬頭垢面身難動，只為手肘長枷絆腳鐐。無知犯了王家法，田園妻妾盡皆抛……行來已到蕭王殿。爐內香煙淡淡飄。

可見囚犯多了，香火同時旺了，蕭王殿（獄神廟）內，爐煙燃飄。

（白）：咦！監牢裡也有神道個，讓我許個個願心介……保佑小姐平安離獄底，願得香燭殿前燒。是個個道理嚇。介末蕭王老爺保勿及多化（許多）。

再進去——

又（唱）重將店側行將去，卻是深藏婦女牢。（白）：「是哉！（你）立一立，讓吾開子女監勒（了）介。」

一部《果報錄》，在描述囚犯家屬探監時，有五次說到蕭王殿，一處說到「蕭王老爺」，一處說到「獄神」。這也許是監獄史很難見到的，那番生動的探獄的描繪。

三十六、《果報錄》之三

——進一步優待

王文被關進了大監，他的妻子徐氏去探監時，是這般說唱的：

禁牌（獄吏）對徐氏說：

「娘娘進來哉！相公（指王文）拉朵（在）蕭王殿浪（上）。王伯伯（王家老僕）同子（了）進來，等我關上子（了）故（這）扇牢門。」（係蘇州吳語）

王文的妻子徐氏探監事，想來獄吏沒有及時通知王文。故見徐氏進獄，就告訴徐氏「相公拉朵蕭王殿浪。」

可見王文原是關在獄神廟內。按照法規，王文是將被處死的重罪犯人，應關在重罪的內監。

說來道去，無非王文是一名有錢的財主。大概當地官衙，抑或獄吏都知道此事，故落得先賣個交情，留有餘地，以待家屬來探監時的回報。

徐氏，作為一婦人，當然也平生未去過監獄。那一時代的「獄」與今日之「獄」已大不相同。我想讀者一定有興趣，再觀察一下《果報錄》中所描繪的監獄，不妨再一聽徐氏的唱詞：

「蒼頭引路前邊走，好一似月殿嫦娥把（將）十殿遊。（按：俗謂陰間有十殿冥王，治理鬼魂）。行過外監彎曲轉，（外監：指大型監獄中，自有專用屋舍的外監）。早望見披枷帶鎖許多囚。阿唷唷！蓬頭散髮真堪怕，穢氣陰風如暮秋。行來早到蕭王殿，只見帶罪兒夫低了頭，兩足傷痕行不動。胡桃大鏈鎖咽喉。」

這是《果報錄》第六十六回中的一段彈詞唱腔。

王文的妻子徐氏去探監，由「蒼頭引路前邊走」，使她看到那時代監獄的佈局，見到了許多披枷帶鎖的眾多囚犯，看到了囚犯蓬頭散髮的可怕，那不衛生的穢氣，那森森的陰風，也看到了蕭王殿（即獄神廟）。

又見到了「兩足傷痕」行不動的丈夫王文（似乎用過了刑罰），被大鏈鎖著咽喉。這是一幅既有社會學範疇，又有心理學範疇的真切描繪。足見《果報錄》是一部描繪非常形象的通俗小說。只不過小說用吳語描述，不懂吳語者讀來吃力。

三十七、《果報錄》之四
——獄神

讀者諸君大致觀過了上面《果報錄》中所勾描的監獄狀況。作為王文的妻子徐氏，看到這血淋淋的場面，無不撕心裂地，痛心不已。她當然急於想改善一下她丈夫所蹲監獄的居住條件，就是說想能得到些優待。

當然，若要改善，唯一的辦法是拿出錢來賄賂。

徐氏拿出了五十兩銀子給獄卒。果然，這是個很靈驗的辦法。獄卒就馬上安排他丈夫王文，住進了另一間比原居住的獄神廟（蕭王殿）更優待的住室。

我們不妨再聽聽這獄卒在得銀後，立馬改變了態度的對話：

獄卒說：「個（這）個蕭王殿裡風吹日曬，也勿是王相公安身個（的）場化（場所），東邊有幾間新房子，幽靜勿過（至極）……王伯伯，（你）來扶子（了）王相公，等吾來開子（了）門，拉（在）等大娘娘幾（這）裡來走。」

——見《果報錄》第六十六回

獄神廟（蕭王殿），已經是監獄中的優待室了，但吏卒由於拿到了徐氏賄賂的五十兩銀子（按當時價值，約可買米五十石左右，相當於一戶小康人家全年的總收入），獄卒馬上再挑選了那獄中東邊幾間新房子（可能是剛造好的新監獄）給王文住，這樣既可免受「風吹日曬」，又幽靜不擾。這比住獄神廟還優待百倍了。

有了這可買米五十石的銀子，難怪獄吏要認「錢」，不認「法」了。那些獄卒於獄神廟內的一舉一動，語言的一硬一軟，在這裡被描繪得活靈活現。

為有錢有勢者服務、辯護、粉飾，還是為真理而鬥爭。這是一個社會好壞的重要衡量標準。古說：「聞名而奔走者，好利也，直己而行道者，好義者也。」

如果看到那一幕，我想說的是，其實人與獸相隔不是萬重山，僅是一張紙而已。所謂「存乎其人，存乎其心而已。」沒有道德的標準，兩者實際上是無區別的。這就是為何人世間產生那麼多醜惡現象，那麼多痛苦與悲哀的根源。

三十八、《果報錄》之五

——男女同室

我們暫勿去管什麼「錢」與「法」（權）的內幕交易。還是讓讀者再從《果報錄》中，讀些和品味有關獄神廟的另一場景。

王文在優待室住了一段時間，他的妻子徐氏又去看他，走入獄中去的路線，要從女外監內經過。其中有這麼一段唱詞：

獄神端坐拉（在）中間，旁邊有猙獰鬼判。走進後牢裡面，陰風凜凜淒，但聞鐵索響聲連，號痛呼疼真慘。

徐氏第二次去探夫時，王文已不住在蕭王殿後面，為他另行安排的屋子，但仍要經過獄神廟以及囚犯拘押處才能進去。

第一次心裡驚慌，這次她似乎要看清楚些。注意了廟裡的一些塑像，只見那些垢面蓬頭囚犯，一個個挾枷帶鎖橫眠。

後王文等被處決前，押出牢獄：

行來一過蕭王殿，只見監門外勢（外面）鬧哄哄，閑漢似潮湧來。（第七十四回《處決》）

可見蕭王殿，離監門不遠，過殿即可望得見監外街上的情景。據此，拙著《紅樓半畝地》中的小說《獄神廟裡慰寶玉》中，那小紅、茜雪、賈芸、倪二等在獄神廟劫寶玉，想方設法要越獄，似並非個人神想。

清代獄神廟即在監中。在南方一般稱為「蕭王殿」，當然因為廟中所供奉的塑像是蕭何，俗呼「蕭王老爺」。這和舊京戲《蘇三起解》中所說的「蕭王堂」也大致相符。殿中「獄神端坐在中間」，兩旁是「猙獰鬼判」。王妻第一次經過蕭王殿時，作者說她好像月殿嫦娥遊「十殿」。

「十殿」，是指陰司裡的「十殿閻羅」。每一殿都有殘酷兇殘的刑罰，如割舌、鋸頂、下油鍋、抱火柱、開膛、剖肚等等。這可說蕭王殿上的獄神兩邊，塑有這些酷刑的形象（正如江南各地的城隍廟兩廊，也曾塑有這些地獄形象）。徐氏所見獄神廟中，囚犯的悲慘情況。

寫照了獄神廟裡關的犯人，大都是「披枷帶鎖」、「胡桃大鏈鎖咽喉」、「兩足傷痕行不動」乃或是「囚徒成群鏈鎖牢」，即若干人一組鎖在一起，因為有「手肘長枷（連頭頸和雙腕一起扣住的枷）絆腳鐐」，所以「身難動」。在監裡還要用刑具鎖住，使他們不能動，顯然是羈押的是重大囚犯。

他們夜裡還聽見「鬼哭」，可知有些囚犯不待被處死刑，已被打死在蕭王殿上了。女犯的監獄在裡面，但進去時也要經過蕭王殿，然後從殿側進去。這是有意讓女犯也看看殿中「鬼判」「十殿」刑獄的形象，目的是施以威嚇。

又《果報錄》，有半癡子序，說作者是梅蘭溪。故事發生於明正德年間（一五〇六～一五二一），但書中已說到「西洋景」和「雅片煙」可見其成書已在十九世紀後半。此書在二十世紀初，在吳語區流行甚廣。作者在清末著書還能如此詳細說到蕭王殿，也從另一方面說明了獄神廟，到清末還存在。清初康、雍、乾三朝對漢人知識份子大興文字獄和科場案，其殘酷壓制遠較清末為甚，則曹雪芹所見所聞有關獄神廟的情況，自然更為怵目驚心。而在後半部《紅樓夢》中，竟有「五六稿」敘述獄神廟情節。平日錦衣玉食、姬妾如雲的賈寶玉，作威作福、虐待婢僕的王熙鳳，乃至誣害良民、強取豪奪的賈赦之流，也去嚐嚐身為獄神廟囚犯的滋味。

高鶚明知後半部，有獄神廟故事，而沒有很好續寫這麼重大的情節，可能有違當局的文字獄管制，遂顧左右而言它了。這段唱詞中，那「旁邊有猙獰鬼判」者，即是我在前述的首任獄神皋陶，也即是前已訴述的，他退任後改做判官了。那付猙獰面目，還人人怕他。

我讀《聊齋》，是讀中學時，在多篇文中感覺那字裡行間，常溢出「猙獰鬼判……陰風凜淒」的地獄中的聲音。蒲松齡對鬼怪獄神的勾描，同時使他們紛紛在《聊齋》中粉墨登場，以我想，蒲氏定然細細考察過，那個時代獄神廟的場景。

三十九、《果報錄》小結

含冤遊魂在愁雲慘霧中泣訴，民族敗類，卻用同胞的鮮血染紅了頂戴花翎。這是《聊齋》中《鬼哭》所描繪的「鬼狐有性格，笑罵成文章」的魅力所在。蒲松齡帶領眾多讀者，走進神鬼狐妖的世界，展現出了華夏民族的文化心理建構和民俗風情。但是，蒲氏萬萬沒有想到「含冤遊魂」及「愁雲慘霧」的監獄中，還會有另一番其它的情景。這便是：王文住進了幾間新房子的幽靜居室後，在這獄神廟內犯人最優待的地方，花了五十兩銀子後的犯人王文已不再戴刑具，過著軟禁式的自由生活。這方面的「權」與「錢」的交易，可謂已到了頂點。但生活中往往會出現「道高一尺，魔高一丈」之境界。

《果報錄》中還有大量的描寫用王文住進獄神廟優待室後，那通姦犯劉氏後來竟可允許隨帶了四個婢女，在監獄優待室中與王文可共室而居，兩人繼續發生性關係。書中對此有大段描述。

由於這些唱詞有性關係方面的污穢不堪的詞語，我在這裡就不再引示原文。當然有興趣讀中國神獄神廟內發生此類性關係的讀者，也不妨自去找《果報錄》來一讀。

封建社會建在監獄中的獄神廟，原是讓罪犯用來祭神，不知從那個朝代開始，會逐漸開放到能優待有錢有權的囚犯，諸如允許王文與劉氏這般囚犯，在監獄中能居室同居，發生性關係。這不是斗膽包天的事嗎？有時想想也不奇怪，一個強人的封建帝國必然有一套獨裁制度，而這系統下也必然有刑律：「笞、流、徒、杖、死」五刑，同時也會有「金作贖刑」，富人可用錢解決，有勢者可用權得之，如此而已。

上下幾千年歷史，便慢慢形成了一整套「獄神廟模式」，其懲罰與規訓：一是實行「愚民政策」，一是對富豪們乃或官宦者，出金贖之，優待賂之（見《中國法律史研究反撥》）。

「果報錄」三字的真實含義，已在中國說了幾千年，但我想，「在真理嘴中所說的是真理，在虛偽嘴中就變成了謊言，話一說出口可以得到如此不同的待遇。」

四十、獄神廟裡審犯人

在讀者慢慢咀嚼我上幾節所引征的世俗吳語小說《果報錄》後，我們一定對那些描繪獄神廟的情景，會出現以下一些形象：獄神廟畢竟建在監獄之中，廟內有風吹日曬之虞。當然，在京城大監獄中，條件當會好些。

當我們走進獄神廟，那神座就位於廟內的中心處。神座上至少有三尊神像。那最當中的是第二任獄神蕭何。其旁邊是那位「鬼判」。

那矗立著的一個個神，給我們每個人的視覺形象是可怖的。

其實，按照我們中國寺廟內塑像佈局的傳統對稱格式，則在獄神像旁邊，顯然不會只有一尊鬼判像，而應該是一鬼一判的二尊像。

一尊像是判者，當屬我們中國獄神廟首任長官杲陶了。也便是那位「青面聖者」的判官。那麼另一位當屬地獄中的陰鬼了，這情況至今不明，但可以想像得出是一位手揚鐐銬的捕快者。

這裡以神座為中心，前為神殿，後為女外監，西為男外監，東邊即是優待室（亦可作軟禁室）。神座兩旁留有空地，作為內外出入的行人道。

如若再仔細觀察，你還可發現許多奇妙之處：

你可看到犯人優待室的西牆沒有門戶，還與女外監內東側處相通的。寫到這裡，倒使我又想起曾讀到過的，即一九〇五年（清光緒三十一年）印刷的某縣一部縣誌上記載，獄神廟內犯人優待室的佈局，其結構在東牆設置了一道門戶有不同之處。這可能與中國監獄的設置大小有關。

但是，我們似乎可以看到當年那獄神廟內那陰暗的空間，那神秘場景與氛圍……。可以想見在封建社會裡，天下許許多多的獄神廟內，出現的一幕幕的情景異狀。

我們彷彿還讀到了在《龍圖耳錄》中，那郭槐沒有吃到定心丸時，卻有提牢對他說：「小人無物可取，覓得『定痛丸』，今特備熱黃酒一碗，請太輔老爺用了，包管益氣安神。」

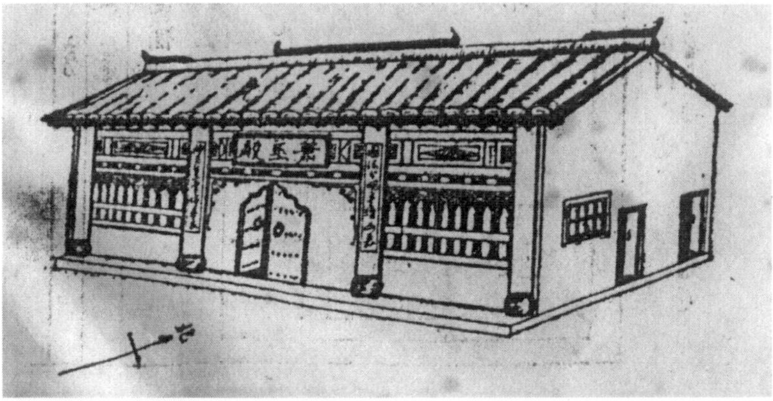

縣獄獄神廟（蕭王殿）復原圖。

當年顯赫一時，後臺是當朝劉太后的太輔老爺雖拘押在獄神廟內，也令他坐臥難安。獄神廟內優待室那昏暗的油燈，似在泛著當年的光澤。

當我們已逐漸緩慢地進入現代化及現代文明社會的時光，再閱讀那部《龍圖耳錄》時，我想，也許現代的青年讀者，認為沒多大意思，不屑去懂那早已絕跡的獄神廟內的情景。但我勸讀者觀察一下那「古董」不無稗益。

我們從神殿上，能看見關在牢內的犯人，顯而易見的外監是只限於男外監。女外監肯定是用牆壁隔成的，因為在封建社會是非常注重「男女之大防」的，故對外監是不採用柵籠式的。用今天的話，可謂「不開放」式的結構。

否則男女犯人日日相見，纖毫畢現，成何體統呢？以此想來，那京城中的獄神廟，規模確大，內有好幾間整修一新的房子可作為犯人優待室。而我翻到的那些縣誌中，記載的縣級監獄中的獄神廟，最多只有一間優待室。這是為什麼呢？那是，因中國漫長的封建社會的政治結構，是層層「寶塔」型體制而成的。

也許我們誰也沒有見到，在那裡，除囚犯外，有的探監者在祭拜獄神。神殿，變成了祭神活動的地方。以及在那裡也成了探監者的場所。甚而也可成為審訊囚犯的地方。乃或是打死罪犯的地方。

《狸貓換太子》故事中就描繪了在獄神廟巧審犯人的情節：吏員設計讓一個最伶俐的妓女扮成了屈死的女鬼，對頑拒不招的罪犯郭槐進行了恫嚇，致使郭槐連忙向上磕頭，「便將當初劉后圖謀正宮，抵換了太子，陷害了李后的情由，一五一十的講了一遍。」終於獲得了口供，作為判決的證據。又有獄神廟內來了書吏一名，也寫了一張供單，就是郭槐與女妓說的言詞；此公卻是在床下聽了，暗暗寫出。

從這個中國老百姓喜歡聽的故事裡，恰由此得以知道，獄吏借獄神廟審訊犯人，是只有審訊權，而沒有判決權。

對這樣重要的案件突破，獄神廟內的巧妙設計，確是中國神秘獄神廟的一大發明，可謂史無前例的功績。

而它的判決權，包公（我們歡呼的包青天）也只能上奏仁宗皇帝，最後只能由主子來下判決了。

四十一、詩案史禍

到了清代，我們可列舉許多文字獄。這些獄案的牽涉者均是富豪、官吏，可不是一般的貧窮文人。

章太炎先生曾說過這樣的話：「詩案史禍，較諸廷杖，毒螫百倍。康熙以來，名世之獄，嗣廷之獄，景棋之獄、周華之獄，中藻之獄，錫侯之獄，務以摧折漢人，使人噬不發語。」

近人柳詒徵也曾說：「前代文人受禍之烈，殆未有若清代者。故雍乾以來，志節之士，蕩然無存。有思想才力者，無所發洩，惟寄之於考古，庶不干當時之禁忌。其時所傳之詩文，亦惟頌諛獻媚，或倘徉山水，消遣時序，及尋常應酬之作。稍一不慎，禍且不測。」

但章太炎先生列舉的文字獄，這裡邊牽涉的人物，以我對獄神廟的考略，大都是先被關進獄神廟優待室內，再逐漸判決的。

如莊氏史案，明相國烏程朱國楨，留心史事，所著有大事記。未刊者為明列朝諸臣傳，已刊的為《史概》，明亡後，莊氏購得，增損後以《明書》重刊。遭歸安令吳之榮告計，而成獄案。

如查嗣庭案，雍正四年，查嗣廷任江西正考官。由於他出了一道試題，命為「維民所止」。有人告發這「維止」二字是把「雍正」二字斬首的意思。

又如呂留良案，在乾隆三十二年，齊周華他刻了所作「為呂留良事獨抒己見奏稿」而造成了文字獄。齊周華終被淩遲處死，妻媳等被發落為當時功臣的家奴。

還有乾隆二十年，胡中藻督學廣西，試題出了一道有「乾三天不象尤說」被誣指譏笑乾隆不像皇帝。胡中藻入獲後淩遲處死。

筆者認為，能作「權」「錢」交易而住進獄神廟中優待的罪犯，大都應是些達官貴顯，縉紳之家，或是豪富商人的囚犯（即今天的大款）。如我前已例舉的倪太守的身份是對質官員，賈寶玉的身份是達官被抄家者的家屬。還有郭輔老爺。甚至有死囚犯，卻能帶有四個婢女的劉氏等等。這些人氏，想必都曾進過獄神廟而被優待過。少不了要花銀子錢兩，作交換的條件和代價了。

四十二、朱三太子案

閒說了文字獄與獄神廟的事，那是因為獄神廟，實由官方正式啟為監獄的優待室始作俑的。

我們還不妨看看清康熙四十七年（一七〇八年）曾轟動清初朝野近六十年的「朱三太子」案。

此事起於康熙二十二年，李方遠（即李朋來）在一家路姓大戶家中，首次見到一位先生，其人「豐標秀整，議論風生」，是個侃侃能言的美男子，自稱姓張，號潛齋，在浙中大戶為西賓（教師）。於是，二人交往密切，詩詞往來，半年多內頓成密友。後來，「張先生」南行，二人拜別，二十多年沒有通問消息。康熙四十五年，做過縣令並已經解任家居的李方遠，又見到找上門來的「張先生」，要求謀求一教職，養家糊口。老友相見，分外親切，兩人立刻歡飲暢敘。此後，「張先生」同時在不遠的張岱霖家和李方遠家教子弟讀書。此「張先生」就是曾被封為「永王」的朱慈煥（明崇楨皇帝除死亡外尚有四子）。

但一七〇八年四月間，在山東漢上縣退休縣令李方遠家中被捕，後押往杭州，由清欽差大臣、戶部侍郎穆旦、八旗杭州將軍、浙閩總督，以及蘇州巡撫、浙江巡撫等五位官員聯席會審。

李本人做過清朝饒陽縣縣官，確實不知自己犯了何罪。審至「張先生」，此人馬上「坦白交待」：「我乃先朝皇子定王朱慈煥。明崇禎十七年流賊破北京，先帝（崇禎）把我交給王內官。城破後，王內官把我交與闖賊領賞。不久，吳三桂與清兵殺敗流賊，我被賊軍中一姓毛的將軍帶往河南。他棄馬買牛，種田過活。不久，由於滿清捕查流賊很緊，毛將軍棄我而逃。當時我十三歲，自己就往南走。行至鳳陽，遇見一王姓老鄉紳，知我是先朝皇子，就收留我在家，遂改姓「王」。過了幾年，王先生病故，我就找寺廟出家。後來我雲遊至浙江，在古剎中遇見一位姓胡的餘姚人，他歎賞我的才學，就把我請回家中，讓我還俗，並把女兒嫁給我。後來，我又改姓張，以逃禍患。」

他又說：「我今年已經七十五歲，血氣已衰，鬚髮皆白，我不在三藩作亂時造反，而在如今太平盛世造反，於理於情說不通。況且，如果造反，一定會佔據城池，積蓄屯糧，招買軍馬，打造盔甲，而我並無做一件類似事情。還有，我曾在山東教書度日，那裡距京師很近，如果我有反心，怎敢待在那裡？（《雞林舊聞錄》）

第一次審訊完畢後，主審官穆旦就吩咐浙江臬司說：「朱某、李某，俱不是強盜。可將獄神廟收拾潔淨，茶飯亦要留心照管，委官看守。」

從這一件對朱三太子案來看，可說是重犯，抑或是死罪無疑了。但由於朱三太子慈煥，畢竟是先朝的後裔，儘管是敵對勢力，但還是被這士審官發了優待令，被安排進了杭州的獄神廟內。

而且，在孟森教授所撰《明清史料論著集》中，有《明烈皇殉國後記》一文，還為我們描繪和佐證了朱三太子住在杭州監獄時，那獄神廟內被優待的狀況：

是晚即宿獄神廟。時有委官二員一靳一陳（二姓）。又有千夫長魯姓者，豪爽人也，見吾二老人（同案犯人），而深敬之。朝夕談笑，或對秤揪，或觀雜劇，聚灶歡歌，忘乎其身在囹圄也。

從這段描寫，獄神廟內的優待應該說是非常寬容的。飲食、起居、談笑朝夕，還可觀看雜劇娛樂。

怪不得和朱三太子關押在杭州監獄的同案犯還在獄神廟內寫下一絕，描繪了他當時度過的獄神廟中的生活。詩曰：

素患難時行患難，
人生何時不關天？
但求方寸無虧處，
身在囹圄心自安。

當然，朱三太子案牽連百餘人，最後還是逃脫不了清皇朝對他們的充軍及處決。但那段在杭州獄神廟內的優待，也屬無疑。而這杭州明末清初的獄神廟，是否就是清末關押魯迅祖父周福清因犯科場案的那個獄神廟呢？

四十三、朱三太子案餘語

朱慈煥死了，「朱三太子」案似乎應該塵埃落定了。但康熙六十年（一七二一）臺灣朱一貴起義，時間雖已隔了十多年，仍然尊奉「朱三太子」的名號。可見，在清初很長一段時間內，「朱三太子」已經成為一面不倒的旗幟。幾十年來，朱慈煥隱姓埋名、東躲西藏，並沒有真正從事過「反清復明」的活動。但作為一種號召，「朱三太子」的名號，對清政府確實構成了威脅，所以歷史上的朱慈煥，一直背上了「莫須有」的謀反罪名。南京老作家陳椿年先生，在他的《獄神廟資料補遺》一文中，除了談「朱三太子」案外，還順便說了一些很有意思的話，我一直感到有必要把它記錄下來：

監獄中有優待室，古今中外都不乏此類例證。帝俄時代，像克魯泡特金公爵這一類政治犯．所受待遇和農奴罪犯們完全不可同日而語。到了史達林時代，「古拉格群島」中的等級制度和差別待遇，更是花色繁多。解放以後，六十年代初的上海提籃橋獄中，面積相等的囚室裡，外籍犯人一人一室，託派分子搞翻譯的也是一人一室，陳壁君更是一人二室，還派人去服侍她。而普通犯人便是三人一室，或多人一室，伙食待遇和接見條件也不同。因此我以為，類似獄神廟這一類優待室，並不是權錢交易的產物，倒是監獄本質的必然體現：「寬嚴相濟，區別對待嘛！」

陳椿年先生說的一番話，雖已脫離了獄神廟那古老的歷史而談的，但確具備了現代版「獄神廟」的典型性和普遍性。

歷史遺下的東西，一直是後人津津樂道欲繼承的遺物。因為，另覓新路總難。一如魯迅所說的：「死的說『阿呀』，話的高興著。」一樣。

四十四、《霧城血》之一

《紅岩春秋》雜誌編輯何蜀先生，曾寄我一本他的歷史紀實小說《霧城血》。這部紀實文學，生動再現了二十世紀三十年代初，中共地下鬥爭中一段鮮為人知的真實歷史。這部小說中有不少內容是從塵封的檔案中發掘出來的。在這部書中，何蜀先生披露和描繪了一九二八年至一九三〇年期間，當時的中共四川省委代理書記張秀熟，被四川高等法院重慶分院審理後，因怕他在獄中給犯人帶來「不良影響」，須單獨關押，而當時的巴縣大監中，沒有單人牢房，最後這位省委代理書記，被關進了獄神祠，也就是獄神廟。

他對四川巴縣的獄神廟作了這般描寫：

獄神廟，或獄神祠，重慶人又叫作獄神堂，在舊時巴縣大監中位於重慶下半城巴縣衙門西側，背靠大樑子山脊下的岩壁。大監中的獄神廟，設於監院背後岩壁下一個單獨的廟宇式小屋內，屋前有三步臺階，屋內正中為獄神牌位，東西各一間廂房。據說舊時犯人進監獄後，照例要先拜獄神・以求得保佑，好早日出獄消災。同時獄吏也借收香火錢之機，向犯人敲詐勒索。

何蜀先生在《霧城血》一書中寫下的四川重慶巴縣大監中的獄神廟，基本和我對獄神廟考略相符。

爾後，何蜀先生還給我來信，特地提及了「獄神廟」與「衙神廟」的不同。他說：「另則，當年巴縣大監正堂左邊典史署前有衙神詞，俗稱蕭曹廟，祭北漢初蕭何、曹參，因二人出身縣吏，後世視為衙神，這是與獄神廟不相同的。大作中（指拙著《中國神秘的獄神廟》）不妨略為提及以免混淆。」

真感謝這位未謀一面的文友，他為研究中國的獄神廟提供了一個佐證。

四十五、《霧城血》之二

何蜀先生在《霧城血》這部書中，還向我們提及了巴縣監牢中優待室的軼聞史料。

在清末民初，在四川重慶，曾有一姓賀的和尚，他由於在一所妓院，和有權勢的人發生了爭風吃醋的事，雙方發生衝突而惹出官司。那位姓賀的和尚處於劣勢，而被判罪送進了巴縣監獄。

但是，那姓賀的和尚，獄吏特地為他騰出了一個單人房間。在那房間裡的牆上，還掛了許多當時的名人字畫。這房子佈置得不像牢房，而卻像一座禪房了。

其實，社會上一如僧人那樣的人物，因其也算是地方上有錢有勢之人，也不能小覷這樣的社會人物。他入獄以後，賀和尚竟然也能買通監獄當局，同樣能入住獄神廟，並得其優待。

從這段提供的史聞，也為我們折射出了監獄中，類似比獄神廟還要優惠囚犯的優待室的一種狀況。牢房，通過錢勢的交換竟變成了修身養心的禪房。這不禁使讀者會想到那姓賀的和尚，他的關押處，竟成了：「曲徑通幽處，禪房花本深」的另一番情景。真是阿彌陀佛！妙哉，妙哉。

但是，這從另一面也說出了，東方文化所謂王道的虛偽的一面。也即是像一片霧的溫柔，掩蓋了另一面血一般的殘酷，它往往形成了對封建統治虛無飄妙的一層幻想。

四十六、獄神廟廢除於何時

獄神廟內的「香火」，究竟何時冷落，何時休了呢？

到了清代末期，隨新式監獄的建立，也許就是它的壽終正寢之日了。

我初考略，大約在清末，光緒帝頒佈了《現行刑律》的那個時期（一九〇五年後，即「光緒三十一年」後期）獄神廟在那時遂被廢除。

但何蜀先生在《讀書》上發表文章，提出不同看法。他認為：「還應推遲一些。」即中國神秘獄神廟的廢除日，應推遲。他的根據是：重慶把中共四川省委代理書記張秀熟，曾在三十年代扣押在舊時巴縣監獄中。當時，那裡還有獄神廟的。他在文章中說：

否則很難到了三十年代初，還保存著這樣的特殊建築。似應是在二十年代以後，那拜獄神之類的陋習不再時興。再加上國民政府內政部在一九二八年十一月明令公佈了《神祠存廢標準》，在一九三〇年又公佈了《取締經營迷信物品辦法》，從此獄吏們不敢公開供奉獄神，以向犯人勒索了，獄神廟的香火，才冷落下來。

當我讀到這些對中國獄神廟究竟在何時廢除的不同看法，對我的考證工作仍然受到了特別的興趣。因為，不論何種考證或說法，都也揭示了中國存在了有二千年左右、這麼漫長的獄神廟的一些文獻和史料。這不是對中國監獄文化，很有意思的研究課題嗎？況且，對中國獄神廟的研究，以及揭開它神秘的歷史面紗，是一件對中國監獄史文化，填補了一個空白。獄神廟所揭示的一些歷史問題，頗值有興趣的有識之士更為深入地探討。

四十七、隔離室

從對獄神廟的考略，這種建在監獄中的既可以祭神，又可作為監獄中的優待室的神廟，我想，這或許是只有中國漫長封建社會裡才能出現的一種特殊產物。雖然不同的人，不同的社會群體，對中國社會獨具的獄神廟現象，對它的存在、看法、表述是各不相同的，甚至對獄神廟產生的聯想也各不相同。

比如，鄭州耿法先生曾在《讀書》（一九八八年十二期）上，就產生了一個非常有趣的聯想。他撰寫了一篇《從獄神廟想到隔離室》的文章。

他說：「由獄神廟不禁聯想起中國另一種特有的現象——隔離審查室。如果說獄神廟是監獄中的特殊監獄，那麼隔離室則是監獄外的特殊監獄。」

我想，這種監獄外的特殊監獄，也只有中國社會才發生和存在過。也許，它是在特殊的年代裡，才會產生的一種特殊社會現象。

根據耿法先生的文章，他列舉了一些這類特殊的現象：

早在蘇區根據地「左」傾路線時期，在整肅所謂「ＡＢ團」和右傾路線分子時，許多幹部動輒被宣佈隔離審查，未經審訊就身陷囹圄。大都被監禁在監獄外的隔離室內。延安整風後期即審幹肅反時期，也有許多幹部被隔離審查。

建國後，歷次運動中也搞過隔離審查。如反「胡風集團時」眾多受牽連的所謂大大小小的「胡風」分子被送進隔離室審查。

文化大革命中，全國各地各單位，各大大小小的造反派組織，都設立了許多隔離審查室。這些隔離室和「文革」初期的「牛棚」不完全一樣。因為「牛棚」是用於集體關押、勞改、批鬥。當然，文革中的所謂「牛棚」，也有另一種情景。

比如，葛劍雄先生撰寫的《譚其驤傳》中，曾說，「譚其驤的辦公室，也成了監督他的牛棚。」「多年後，一位海外華人到譚其驤家訪問，談到文化革命時，他說：『我有一點實在不理解，當時你們這麼多人被關在牛棚，大陸的大學和機關裡，哪來那麼多養牛的地方？』譚其驤聞言大笑，告訴他此『牛』並非真牛，是『牛鬼蛇神』之牛；譬如我當了牛鬼蛇神，關我的地方就叫牛棚。我的牛棚，就是我當系主任時的辦公室。」

但隔離審查室，是單獨關押，連家屬「探監」也不應許。時間有長有短，少則幾星期，多則幾個月，甚至有幾年的。而隔離方法，用具、房屋均不同。用耿法先生的說法是：「恐怕這種『牢籠』在正規監獄中都見不到的。」

在韋君宜的《思痛錄》，陳白塵的《牛棚日記》。顧准的《顧准日記》等人的回憶性隨筆中，都有這些猶如「從獄神廟想到隔離室」般的故事和解讀。

四十八、《叫魂》

——精神專政工具

猶如獄神廟般的隔離室，亦可謂「優待室」，在社會生活裡，特別在漫長的封建社會中始終是一個謎，一場夢。

我想大家也許讀過美國哈佛大學歷史系和東亞語言文化系教授孔飛力（Philip A. Kuhn）的那部有名的寫中國的著作，《叫魂》的書。

這部名為《叫魂》的書，在中國發行後，銷路很好（上海三聯版）。此書寫作時，孔飛力教授引用了大量的清代的文獻檔案資料。書中娓娓道出一段段曲折離奇的故事。而這些故事往往與種種社會科學理論的理解並和社會那種深刻的歷史人文關係揉合在一起。

這部書雖然沒有講到中國的獄神廟歷史。但它反映出了封建社會的理論和歷史人文的心理結構，恐怕是一個路子，同一種思考。

《叫魂》中有一個論述，值得我們思考。孔飛力教授說：

靈魂與軀體之間的聯繫是脆弱的，這意味著自然的或超自然的力量是可以將它們分開的。做夢‧生病，當然還有惡毒的法術，都對靈魂與軀體那聯結紐帶的穩定性構成了威脅……。

這些分析靈魂與軀體的科學理論，難道不能反映在中國監獄中建造的獄神廟嗎？前面有幾節我寫到的《龍圖耳錄》中郭槐老爺被由一個妓女扮演的女鬼，演出了類似的「叫魂」的做法，終使郭槐的靈魂和軀體聯結的紐帶被破壞，使他的心理脆弱，最終使獄吏獲得了真實的破案供詞。

巫的時代靠巫的威脅。《叫魂》的時代，靠惡毒的法術來破壞靈魂與軀體脆弱的紐帶，從而威脅人的身心。這使我想起童年時，有一次在鄉下觀儺戲，儺戲的演出形式與其他戲曲不同，它與沖儺等宗教活動融為一體。迷信的鄉人，遇上三災六難，以為鬼神作祟，便請求神靈庇護，並許下儺願。一旦到了還儺願的時候，還要備好香紙、法器和祭獻的用品。其實，如若追溯其源，上古已有之。《論語‧鄉黨》稱孔子「鄉人儺，朝服而立於阼階。」意思是說，在宮廷舉行大儺的那天，各地百姓也分別舉行沿門索室的儺禮，到各家各戶去趕鬼。就是大學者孔子，也會站在東門臺階上，恭恭敬敬地迎接儺隊到家裡來驅疫。儺者，逐疫之儀也。其在東漢，仍存此風。沿漢至唐，宮禁皆行之。王建有詩曰：「金吾除夜進儺名，畫袴朱衣四隊行」。至清末，儺戲班子，邊做法事，邊演儺戲。儺戲一般在願主家的堂屋演出，背面祭著神像，三面向觀眾，時空虛擬。儺戲班子裡的演員，既能唱、又能舞，還會「判卦」、「繪符」、「念咒」等，使法事與演出形同一體。而獄神廟是靠獄神的威脅，使進監獄的囚犯，那靈魂與他軀體紐帶的穩定性，受到衝擊，達到統治者專政的目的。從這個意義上說來，獄神廟的獄神，似也成了專政的工具。

四十九、貿利之門

提到《讀書》雜誌上陳椿年先生對《獄神廟資料補遺》一文，前面既已說到陳老先生，我想不妨多扯幾句。他在文稿中提到明清兩朝「獄神廟」的功能。他是這樣說的：

……由此可見，至遲在清初，獄神廟已是官方正式啟用的監獄優待室。清承明制，可以想見明代獄神廟的作用也差不多。如果說，獄神廟有時也被獄吏們用作營私斂財的工具，那也是由於官方正式確定了它作為優待室的「身價」，所以才使獄吏們有此貿利之門。

對於古今中外類似「獄神廟」的狀況，陳先生還補充了許多悠悠的歷史往事。確實，在許多情況下，這些歷史往事，我們都不會忘記它。陳先生還精闢地說：「使獄吏們有此貿利之門，尋其根本原因，還是由於官方正式確定了它作為優待室的身價。」

此論甚高。反之，如果沒有了「獄神廟」其「身價」，那些獄吏，縱然有渾身本領，旋十八般「盆子」，也無「貿利之門」啊！

「皮之不存，毛將焉附。」從這些歷史的往事中，我們還能關照現實。

不是嗎，時下許多報刊報導了在一些監獄中，由於「權」與「錢」的交換，使一些人獲得了「營私舞弊」和「貿利之門」。從而使罪犯住進了「優待室」，甚而像「焦點訪談」中說到的，使一些囚犯長期在監外無人管理，相互推諉責任的事例時有發生。

從這裡想開去，倒真使我們不得不想起有人曾呼喚：十八世紀的那種從啟蒙哲學為主導的「理性的時代」。因為這些啟蒙思想家「企圖發現一套合乎理性而又公正的道德原則，它對任何人或社會，不管其文化傳統、宗教背景、政治秩序或道德結構的特殊性質，都是同樣有效，同樣具有約束力的。」

「同樣具有約束力的」，這話多好。如此，中國「獄神廟」的所謂「身價」也沒有了。

五十、監獄外的特殊監獄

不知怎麼，在我撰寫這部有關「獄神廟」的書稿時，特別在一盞小檯燈下，在熒熒的燈光映射下的筆記本上，當寫得疲倦時（因為要查出大量資料，但有關獄神廟的歷史資料又少得出奇），我就靠在藤榻上，隨手翻翻其它書籍，權當作一種休息。有些書隨手翻過，看的迷迷糊糊，但有些卻越讀越認真起來。比如讀到《顧准日記》、《顧准文集》，後又讀著他的《商城日記》（一九三九・十～一九六〇・一）和《息縣日記》（一九六九・十～一九七一・九）時，真使我聯想翩翩起來，即想到耿法先生發表《讀書》（一九八八年十二期一四二頁）上的那文章中的一句話：「如果說獄神廟是監獄中的特殊監獄，那麼，隔離審查則是監獄外的特殊監獄。」

從顧准的那幾部日記看，在一九五九年到一九六〇年及一九六九年到一九七一年共約三年多日子裡，顧准過的一如特殊的監獄生活。

例如，那時的顧准，正在接受監獄外的勞動改造，目的是「改造資產階級思想」。他必須「寫出思想改造的筆記」，他自己稱之為一種「苦刑」的思想改造。在猶如監獄外的特殊監獄中，他們被分成一個隊，一個分隊，在互相監督中生活。在這裡，猶如於獄神廟的優待室，生活上雖有了一定的優待（這是相對而言）。但被劃分為左、中、右三種人。在這個過程中，誰對自已批判最狠，上綱最高，誰就是改造得最好，可被當局評為「一類」的改造人物。

當時，改造右派的方法是全國統一的，就是「右派鬥右派」，正式的名詞是「自我改造」，或曰「自我教育」。讓你拋妻別子，到農村中白天勞動，晚上學習，根據毛主席著作，「狠鬥私字一閃念」（不錯，這話是十年以後才由林彪提出來的，然而實際上他不過是把早在勞改隊實行的那一套推而廣之而已）。不要怕鬥不起來：在每一個人面前都虛懸著一個「摘帽子」、「回到人民內部」的目標；對本來是黨員的人來說，還有一個「早日回到黨的懷抱」的目標，因此，改造不愁沒有積極分子。正如毛主席早就指出的，只要有人群的地方，就一定有左、中、右三種人。當然，你也可以埋頭幹活，緘口不言，然而那樣問題更大，叫做「抗拒改造」，得到的反應首先就是「打你的態度」。總之，非要你開口不可，不開口是辦不到的，而只要一開口，那一定又有岔子可抓。這樣連續不已的鬥爭就叫做思想改造。從改造本身的邏輯講，可以說是沒有改好的一天的。但是畢竟又每過兩年，總有一部分人「摘帽子」、「回到人民內部」。這個秘密就是管理右派改造的領導的心意。在顧准所在那地方的術語，就叫做「接上頭」，從日記中，可以看出顧准是很下了一點功夫研究如何能「接上頭」的。

不妨一看顧准當年留下的日記：

沈（場長）說我「接上頭」了。這其實是笑靨迎人的政策的結果。

我近來每次看到沈必打招呼，他不瞅不睬，我也招呼，這就合乎他的心意了。

（五九年十二月八日）

精神折磨現象現在開始了。下午栽菜上糞時，思及生活像泥汙，而精神上，今天這個人，明天那個人來訓一通，卑躬屈節，笑靨迎人已達極度。困苦、嫌惡之感，痛烈之至。（五九年十一月二十三日）

讀顧准日記，真彷彿有回到了過去歷史的場景中去。這也許就是歷史留下的一些真實的記錄。如果聯想起來，也恰和古代「獄神廟」內發生的一些軼事，有極相似的經歷。

五十一、元雜劇中的獄神

在中國，有許多廟宇的存在，但是人們只記住能保佑自已進財、臻福的佛廟。而把那「獄神廟」給遺忘了（雖然，近年來為紅樓夢的脂評，有了極微小的關注）。畫家、雕塑家、作家、導演，大都忽視了獄神廟這個題材和形象。而我們為什麼重新把它提出來呢？根本原因是獄神廟對今天的現代人雖已無關緊要，但它卻是中國歷史上的一個特有的文化現象。可以說一直延續到了中國文革結束之時代。而且，無論在藝術史、中國小說史、中國戲劇史、中國獄政史，均存在著它的蹤跡。

有一文友特地花了時間，複印了元代關漢卿所撰的《錢大尹智勘緋衣夢》雜劇中，正名為「李慶安絕處幸逢生，獄神廟暗中彰顯極」劇本。他來信說：迄今這是見到「獄神廟」三字的最早資料。

元代大劇家關漢卿記下的獄神廟是怎樣的呢？讓我們讀讀這雜劇吧：

孤：我本是依條定罪錢大尹。又不是舞文弄法漢蕭曹。兩次三番判斬字。蒼蠅爆破紫霞毫。這小的必然冤枉。

令史：將這小的枷開了。教他去獄神廟裡歇息。著一陌黃錢，獄神廟裡祈禱，燒了紙錢。拽上廟門。你將紙筆。聽那小廝睡中說的言語。都與我寫來。

令史：理會的。（做開枷科）云：我將這廝收在獄神廟裡。將著這紙筆，聽他說甚麼。

讀讀關漢卿這題為：「王閏香夜鬧四春園，錢大尹智勘緋衣夢」的雜劇，著實令人驚奇的是：中國許多冤案、難案、錯案、假案，在獄神廟內常常能破案。這倒是值得研究的一個問題。

這倒使我想起柏拉圖的理想國中的人。他對富人是仇視的，對窮人是輕視的。說窮人是隻雄蜂，分出了沒有尾針的雄蜂淪為乞丐，有尾針的成為了罪犯。這是否就是道德與財富的關係。如以此類推，不也形成了財富、道德與罪犯的關係了呢？

五十二、京劇中的獄神

現代人已經不太看中國的京劇了。這可能有三個原因，一是現代人生活節奏快，拉得很長、拖遝的戲劇不怎麼有耐心觀看。二則，京劇唱腔難懂，另外今天許多觀眾從電視中要看的東西太多了。最有趣的有青年人或謂：魯迅先生也不喜歡京劇。似乎這也成了京劇繁榮不起來的道理了。

我也不太看京劇。有電視放京劇，只是聽，看幾分鐘而已。但是，聽文友說，京劇中恰有大量有關獄神廟資料的記錄。為了證明這一點，他隨手就指出了《戲考大全》中那《女起解》劇本中的獄神廟。《女起解》一名《蘇三起解》又名《玉堂春》。在民間老百姓心中，「蘇三起解」的戲，現稍上了年紀的，是無人不曉的戲。

戲中有那「三堂會審」，蘇三與王金龍見面一折，甚為精彩。聽說京劇名角梅蘭芳，方至滬上，一紙飛傳，已譽滿海天，當時的上海人就喜愛看梅蘭芳演《玉堂春》的戲。到了三五日後，票房已滿座無空。

讓我們不妨聽聽梅蘭芳的有關獄神廟唱詞：

旦（乾唱）：待我拜拜獄神爺爺，才好起身。

醜：這才是老打官司的規矩。（看來，古代的訴訟案中，拜獄神是一種「老打官司」的規矩）

旦唱慢板：時才問老伯一聲稟，到叫蘇三長笑容，我這裡進了獄神廟。獄神爺爺聽我言，保佑蘇三得活命。我與你重修廟宇換金身。叩罷頭我這裡出門去（同下）。

蘇三是苦命人，自幼賣入娼寮為妓。與王公子金龍為好，後金龍落魄，賴蘇三私贈銀兩，始能進京應試。後一舉成名，欽放山西巡按。而蘇三被誣謀斃新夫罪，打入牢獄，後幸王金龍在山西查閱案卷，被發覺此案，遂三堂會審，洗清此案。蘇三起解時，進了獄神廟，祭拜獄神，叩頭跪拜，欲求獄神保佑活命，並許下心願，如真能保佑，「我與你重修廟宇換金身。」

《玉堂春》這京劇中，蘇三起解，進獄神廟叩拜獄神等，可謂充分發揮了京劇的主要藝術手段・即概括為唱、念、做、打，為「四功」的傳統特色，而這戲於獄神這一節，正好能充發發揮京劇的傳統。怪不得梅蘭芳的戲單方出・即定滿無剩，亦可見該伶在此劇中的價值了，如果年輕讀者有機會，這《蘇三起解》的傳統京劇，倒不妨一觀。但不要忘了：聽蘇三在獄神廟拜獄神的唱腔。

五十三、心靈的獄神統治

晚清至民國初期，在許多遍佈全國的大小縣城，中國的獄神廟在逐漸消失殆盡。獄神廟確隨著漸進的新社會的到來慢慢在消失中。但是中國民眾的心靈裡，就是說，那些被定罪的廣大蹲監獄的各類囚犯與獄神的關係，依然有很大成分的神秘主義色彩，還是割不斷的。這些囚犯的心理上，不會像外國人那樣是與上帝或別的更高神靈的依存和結合。對中國的囚犯來說，「獄神」正是他們心靈上想叩拜的神靈，他們還認為「獄神」是有靈性的，希望保佑他們早日出獄，獲得新生。

也許這是迷信，是人類心靈上的脆弱。這猶如許多人還相信，人活在世上，如做了惡事，來日人死了，到了地獄，會有牛馬王和地獄鬼神對你割肉鋸腿，下油鍋煎煮一樣。因為他們相信事物是因果報應的。這也許同我們幾千年的封建道德觀相聯結有關。

所以，中國的佛廟裡總有眾多善男信女，燒香祈禱，保佑一切平安。如我們仔細一想，如把獄裡獄外的公眾心裡作一番考證：就會發現，獄裡的人是信奉「獄神」，獄外的人是信奉「佛神」，如此構成了一個平衡動態的人世間。

於是，就出現了勸人為善的言行。這倒不禁使我想起中國古代的老子寫的《道德經》，老子早就對我們說過那樣的話：

上善若水，水善利萬物而不爭。處眾人之所惡，故幾於道。居善地，心善淵，與善仁，言善信，正善治，事善能，動善時。夫唯不爭，故無尤。

我想，凡住進獄神廟內叩拜獄神的囚犯大概是忽略了仿效老子用「道」用「善」的本質與規律來處理人生社會的許多問題，而造成了強作妄為的後果。從這方面看，與其說獄裡人信「獄神」獄外人信「佛神」，還不如讀讀老子的《道德經》，可能對我們的靈魂更有用吧。

當然，一旦你入了獄，就由不得你了。發生在清康熙年間第一大文字獄案——莊氏史案，朝廷一網打盡參與刻寫明史的所有人犯，約有一千多人，全部解京羈押：

二月二十日，上憲之意，將各家男子亦歸羈候所。七所對照，一間獄官之堂。又三間，中專供獄神，內三姓男子所居。查伊璜、長子回一併二子三子暨侄漢回。范係文白、弟文元、文清、子魏公、隱公、鄭公。吾家則二叔祖、三叔祖、族伯子長、五叔父、拒兄、桂兄、冠兄、理兄也。婦女止六所。餘七所，三姓男僕共居之。（見《老父雲遊始末》清。陸莘行）

當你一讀其《始末》，於那樣的情狀下，獄中有三間房「中專供獄神」，難道你作為羈押之囚，能不供那裡的獄神嗎？

五十四、獄神崇拜

中國是有造神傳統的國度，各類神明可謂品種齊全，上至天神，如玉皇大帝神，下有地神，如地藏王菩薩，還有眾多的地方神。太陽的生日，也可變成神，人們都要祭祀它。便如湖北各地多以冬月（十一月）十九日為太陽的生日。這天，很多老人，以及武當山道士，咸寧的和尚，神農架的巫師都把太陽當神跪拜。

魯迅先生早就注意到了這一情況，他曾對眾多拜神，說過這樣的話：

中國人至今未脫原始思想，的確尚有新神話發生，譬如「日」之神話，《山海經》中有之，但吾鄉（紹興）皆謂太陽之生日為三月十九日，此非小說，非童話，實亦神話，眾皆信之也。

為什麼「眾皆信之」呢?那實在是全世界各民族都有的。這便是稱謂「原始崇拜」。這種內在的心態，可以說是亦道亦佛，非道非佛，它包含有神話的因數。它表現為祭祀儀式，禁忌等，還會出現簡單的禱詞，如「保佑我」之類，以及神話歌謠等。而我們說，獄中的犯人們卻叫天天不靈，呼地地不應，求告無門，只有可憐巴巴地把全部希望寄託在獄神身上。我們同來聽聽《女起解》中犯人蘇三的唱詞，便可知道。她的唱詞是：

低頭出了虎頭牢，
獄神廟前忙跪倒。
望求爺爺多保佑，
我三郎早日得榮耀。

拜獄神，也是一種中國古老原始崇拜現象的延續。為什麼在所有的書本上，拜獄神就很少讀到呢?可能有二個原因，一是監獄的神秘性，而獄神就更顯神秘，所以人們就很少談及和記載它。另外，中國人很忌諱談監獄裡的神秘。這連我們老百姓喜歡看的民間故事裡也很少讀到，這也許是中國獄神的歷史命運所決定的。

五十五、蘇三監獄

有監獄，便有獄神廟，有獄神廟，便有獄神的存在。但因年代久遠，古代監獄今天已多不復存在了。這些監獄已在清末民初，或民國後均已改造成新式監獄，乃或時過境遷，慢慢無形中消失了。由於舊式監獄不見了，獄神廟及獄神自然也不易見到了。但有一處獄神到今總算安然無恙。這便是在大名鼎鼎的山西洪洞縣的蘇三監獄。

如果談起監獄，魯迅倒有精到的見解，他說：「至於舊式的監獄，則因為好像是取法於佛教的地獄的，所以不但禁錮犯人，此外還有給他吃苦的職掌。擠取金錢，使犯人的家屬窮到透頂的職掌，有時也會兼帶的。但大家都以為應該。如果有誰反對罷，那就等於替犯人說話，便要受惡黨的嫌疑。」

為什麼中國這座舊式監獄能那麼出名，並流傳至今，保存完好呢？如今還成為了全國旅遊的看點，這顯然和京劇《玉堂春》的流傳有關。

明代妓女蘇三（即玉堂春）與吏部尚書的公子王金龍之間的曲折愛情故事，早就被民間流傳很廣。京劇中有一折《蘇三起解》，是演蘇三被誣殺人，囚於山西洪洞縣監獄之事。

明代世俗小說《玉堂春落難逢夫》。由於因為「世俗情態溢於言表」，誠如做《漢書》的班固，說到這類世事是：「街談巷語，道聽塗說者所造也。」正由於世俗小說能在街頭小巷久久流傳，它才有很強的生命力和感染力；正由於《玉堂春落難逢夫》這一故事和戲劇的流傳，才使那座洪洞縣大獄（人們習慣叫它「蘇三監獄」），名揚四海。

說到獄神的事，說到洪洞縣獄神，還能保存無恙，這倒真使我想起阿城先生的世俗觀。他說：「世俗總是超出『觀』，令『觀』觀之有物，於是『觀』也才得以為觀。」這話說的不錯。「觀之有物」，老百姓喜愛，於是有獄神的蘇三監獄能保存下來，直到今天。如果是空洞的理論，它至多像一片浮雲，瞬間飄逝而過，不要說保存六百多年，可能六年也難保存矣。

當然，這裡也有好奇之因，正如魯迅所說，「取法於佛教的地獄」似的，因有「佛教」兩字，這可能又是一個「觀之有物」的因緣。

五十六、蘇三監獄的獄神

說起山西洪洞縣蘇三監獄，它建於六百多年的明朝初期。是我國保存最完整也是中國現有最早的監獄。然而，文化大革命期間，即一九七三年卻遭到災禍，把這俱有中國典型的舊式監獄，包括其間歷史上延續下來有歷史內涵的獄神廟及獄神，均被當地文革中一些愚蠢的當權派給毀了（可能是文革中破四舊，乃或砸封資修時期，給破掉了）。

文革結束之後，至一九八三年又重新修復，恢復了具有歷史價值、長達六百多年前明代的模樣，才有了有名的「蘇三監獄」。使老百姓又想起了蘇三所經歷的曲折而苦難的愛情故事。

「蘇三監獄」，其名已具有了監獄史上之象徵意義，是指獄中的死囚牢，也就是當地洪洞縣老百姓稱的「虎頭牢」。

這一死囚牢，就在洪洞縣衙大獄一些普通牢房的南面。迎面牆上還畫有一個瞅牙咧嘴的巨大「虎頭」，下面有一個十分低矮、狹小的門洞，恰似虎口。這個「死囚牢」僅高三尺，而牆壁卻有八尺厚。雙門雙牆，堅固異常。

那時的死囚犯，進入「虎頭牢」門，不僅要大彎腰，還要屈腿一蹲。牢門頂上的「虎頭」，其實並非老虎，而是傳說中的猛獸，叫：「狴犴」。

記得明代學者楊慎曾說：「俗傳龍生九子不成龍，各有所好。……四狴犴，形似虎，故立於獄門。」古人說它「平生好訟」，所以把它的尊容，畫在監獄的大門上。當然，對於「狴犴」的故事，講法各有不同，不過大體說來，是差不多的。前已所述，狴牢者，即是監獄的代名詞。

那麼，洪洞縣的獄神廟，在那裡呢？其實，它就在「虎頭門」的對面。這座獄神廟，說是廟，其實不過是在高牆的半腰裡，嵌著一個用砂石雕刻好的神龕。「龕裡有磚刻的三尊小小的神像。中間坐著是位老者，表情還算和善，兩旁是兩個小鬼，則面目猙獰，鬼模鬼樣。中間的老者，即所謂的獄神了。」（《超凡世界》民俗神篇）。

從上面的描述，可以看出，蘇三囚禁的山西洪洞縣獄，是一座小縣城的監獄，故那裡的獄神廟很小，很簡陋，這個縣也小，它不像我在許多縣誌裡，讀到的記載：獄神廟是有專門的一座屋子建造的。更不像《果報錄》和《龍圖耳錄》裡，所描繪的獄神廟。

但蘇三監獄中，畢竟有了獄神的記錄。

從我看來，那裡的獄神，是位老者，表情還算和善‧不可能是中國獄神廟第一任的獄神皋陶，因皋陶給人印象不是如此。他是「狀如削皮之瓜，青綠色。」生就一付惡相，與殺人劊子手同樣令人可怕。

我想，蘇三監獄所描繪的表情和善者，應該是中國獄廟的第二代獄神——蕭何。

五十七、再說蕭何

在判定蘇三監獄裡的獄神是蕭王爺時，我想應該再寫一點有關蕭何（西元前二五七年～前一九三年）的文字了。

中國歷史上，漢王朝的建立使中國經濟重新復甦。而漢高祖劉邦能戰勝楚王項羽，確和蕭何傑出的管理能力以及善於用人的能力有很大的關係，可謂功不可沒。助劉邦取得楚漢相爭的勝利，雖有許多人材，如曹參、韓信、張良、陳平等，但能表現傑出管理政務能力與統治能力者，應首推蕭何。於此，漢王朝建立初期，即在西元前一九八年夏季，劉邦立即「擢升丞相蕭何當相國」。所謂「相國」，顯然其權威比丞相要高。

今天，在老百姓心中，那二千多年前的「蕭何月下追韓信」這一幕政治劇，似乎還記憶猶新。加之蕭何助漢王朝高皇帝劉邦定天下，制法律，從而穩定了劉氏的天下。

劉邦雖由「楚河漢界」建立起西漢帝國，但他的政治地位也極不穩定，向外他要對付北方的匈奴王冒頓單於；他曾於西元前二〇〇年（漢高祖七年），率三十萬大軍出擊匈奴，但差一點全軍覆沒。爾後只得採取「和親」政策，但匈奴的侵擾從未停止過。對內，劉邦要對付各同姓諸候國王及七個以功臣降將為王的異姓諸侯國。可以說，劉邦的日子到他去世時，未能有平安的日子。但是在劉邦旁卻一直有一位用法治來管理西漢帝國的相國蕭何，把帝國社會逐漸從穩定和過渡到強盛起來。

漢帝國為什麼能如此長久地統治了幾百年，而歷史上為何把蕭相國的好幾代後人都封候優待之至，而為什麼我們一部漫長的二千多年的監獄文化史，只封了兩位獄神，甚而中國建在監獄中的獄神廟，其中擔任「獄神」時間最長的是蕭何，其原因是中國封建社會的法律，應還是從西漢帝國蕭何建立起來的為真正的起點，並長期延續了下來。

蕭何早年曾任秦沛縣獄吏，秦末輔佐劉邦起義。攻克咸陽後，他接收了秦丞相、御史府所藏的律令、圖書，掌握了全國的山川險要、郡縣戶口，對日後制定政策和取得楚漢戰爭勝利起了重要作用。這也許是中國法律史，也是中國監獄史發展的過程。

漢、晉、隋唐、宋元、明清，興許直至今天，我們還未在真正意義上罷脫蕭相國建立的法典。蕭何死後，人們怎麼能不把他供奉為「獄中之神」呢？現在大家都在說：「尋根」。

河南鄭州還在這幾年辦了一本「尋根」刊物。該雜誌編輯部在一九九四年，還專門發了創刊號，其卷首語上，還專門有一篇文章，名為《尋根》的緣起，其中有這樣的話：任何一項科學研究（不論它屬於自然科學，人文科學或社會科學），歸根結蒂，都是對事物本源的研究。任何科學進步，都標誌著人類對事物本源的深化，在這個意義上，我們可以說，任何科學研究過程，都是對事物的尋根探源的過程。

我想，對獄神及獄神廟的尋根，亦便是對中華民族源遠流長的一種文化的探微溯源。司馬遷《史記》記載的「皋陶治獄」到西漢帝國蕭何的「漢律治獄」。才有了中國獄神廟中皋陶獄神和蕭何獄神，這反映了中國二千多年刑典和監獄文化史上，其一個側面的漫長歷史。

獄神及獄神廟的尋根之門，可以說，是從司馬遷《史記》記載皋陶這位和大禹同時代的人所開端的，只不過，大禹是治水的英雄（分管水利的），而皋陶是治獄的長官（分管司法的）而已。

自此，一發不可收，獄神廟的出現，及至能延長達二千多年，直至近代才消失。我想，自有一種悠悠的文化在，甚或至今還在有形無形的出現。甚或是一個幽靈還徘徊在大地上。否則，能有這麼長的歷史延續嗎？

但是，獄神廟文化史，為什麼沒有在中國文化史開山者梁啟超的《中國文化史稿》中出現呢？那怕能提一筆也是應該。連章太炎老先生的《訄書》，也隻字不提，這大概是中國人不喜歡談、也忌諱談監獄文化史之故吧。

雖大家忌諱談，但客觀卻存在著，只不過人們不太關注，也缺乏研究而已。

五十八、新魂與舊鬼的暗流

時光流逝，中國的歷史告訴我們，世界該是多麼遼闊而變化無窮，無論是我們的前人，還是我們自己都沒有徹底瞭解它。有關中國歷史研究的各種問題，有眾多專家、學者，曾探討過；中國的封建社會為何會延續二、三千年之久？

有學者研究認為是因為中國的商品經濟，沒有獲得充分發展•這造成了中國封建社會的超長期的延續。有人認為，單一的小農經濟，是造成中國封建社會停滯的根源。另一種觀點分析是由於生產關係未能獲得解放；更有一種觀點認為是封建社會的上層建築對經濟基礎的超強作用，也是中國封建社會長期延續的原因。當然，還有什麼「亞細亞生產方式」，抑或由「中國的地理環境」等等，來說明為什麼中國的封建社會特別延長的問題。

隨著對此問題的深入研究，有了用經濟結構、政治結構、意識形態結構等分析法，來說明問題。其實，三者之間，又互相影響，互相滲透，二千多年來，世界各國長期處在猶如分裂割據的沙漠中，但中國卻仍以一塊大一統的遼闊綠洲，長期統一存在。為此，中外歷史學家，無不為中國封建社會裡，有著如此強大的統一力量，深感驚愕。

回答這個驚愕的問題，主要應歸功於因秦代始，建立了郡縣制官僚體制。這個管理機構，便是政治與文化兩種組織力，結合為一體化。這個結構中，有一種無形的統一信仰，在起著重要作用。

而郡縣制，亦便是司法監獄建立的基本單位。長期能統治著人的思想，其基礎就在於此。

從監獄建在縣一級行政單位，而縣一級監獄，都建立了獄神廟。這「社會黑幕」，實際上也可窺中國封建社會，為什麼能延續了二千多年，這是個內在的深層原因。

也許，這便是超穩定結構，迄今還未有專家、學者關注和研究這個以「神」與「人」為一脈相承的、另一種黑暗統治的無形系統——我稱之謂「獄神廟系統」。

這延續了二千多年的「獄——獄神——獄神廟」，是一強大的系統工程。便是我們固有的「新魂與舊鬼的暗流」。這暗流，流淌了二千多年，這舊鬼，便時時躲在那裡，且製造了一個又一個的新魂。

五十九、獄神廟的深層社會原因

獄神廟及獄神，便是郡縣制建立後，在監獄中存在的無形的一種保持統治、長期穩定的心理定勢。可以說一個封建社會，依靠傳統的國家學說，制定了一整套政策法令・用儒家封建制實現對國家的管理，以維持統一的政治局面。

如果我們推而想之，獄神的建立，以及監獄中囚犯對獄神的信仰與祭拜，實際上是起到一種無形的心理上的管理體系的穩定，它在某種意義上，同樣也在管理著一個以郡縣制建立的統治體系。如沒有了獄神廟、獄神的這種悠久不衰的「統治神力」，封建體系，能維持了二千多年嗎？從而也正說明了全國為何有這麼多、那麼廣的獄神廟香火之存在。

一種無形觀念，在獄神廟內產生：凡進人監獄內的囚犯在他（或她）心理上定勢，即「祭拜獄神」，成為最高最虔誠的道德原則，它的內在系統，緊聯繫著監獄文化信仰和國家組織的橋樑。它將是天上、人間、地獄，與封建社會觀念合流的產物。

囚犯在獄神中的祭拜，有了懺悔意念，似乎只有虔誠依靠在這些超現實的獄神的神靈之力，來執行著封建傳統社會的「善有善報，惡有惡報」的生存空間。

中國在獄神廟中建立的祭拜獄神，卻是有來歷的，它是繼承了秦漢以來「王道之三綱，可求於天的理論基礎。」

當國家學說披上「天命」的色彩，那有不叫囚犯進獄後馬上先跪拜獄神，誰能違抗呢？所以說，「小人畏刑，君子畏天，恐懼和畏罪，是中國道德實踐的基礎。」

六十、國家學說的天命色彩

說起來，我是從中學開始，就讀了幾部中國歷史的，範文瀾的、翦伯贊的，爾後又讀另一部三卷本有四百多萬字的《中國大百科全書·中國歷史》。當然，後讀到黃仁宇的《中國大歷史》，但總找不到有關獄神廟的記載，那怕是片言隻語也應該有。因這於歷史上也不是小問題，惟一不同處，它只是在暗處，影響著歷史的進展。

從而，我開始從中國文化史中去尋找，但無論從顧康伯的《中國文化史》（一九二四年），常乃德的《中國文化小史》（一九二八年），楊東蓴的《本國文化史大綱》（一九三一年），及陳登原的《中國文化史》（一九三五～一九三七年），錢穆的《中國文化史導論》（一九四八年），似乎都未找到在中國文化史中記載著中國「獄神與獄神廟」的存在。

文化，是歷史的投影。中國的文化，可以說已表現在以往的全部歷史過程中。那麼歷史的存在，為什麼沒有投影到文化上去呢？中國監獄所涉及之獄神廟，文化史上，應占一席之地，但為何未能寫進文化史這個領域呢？這人約與其有封建性、神秘性、忌諱性有關。

對於中國文化的類型研究，已經引起了國內外學術界的關注。誠如朱維錚先生把文化類型確定為：區域文化、民族文化、考古學文化、科學文化、生活文化、語言文化、學術文化、藝術文化、體育文化、宗教文化、比較文化、系列文化等等。當然，錢穆先生把文化僅劃三類：即遊牧文化、農耕文化、商業文化，在此不多贅述。

中國漫長的封建社會，維繫著統治地位的，是封建社會的國家學說大部分時間存在的是統一的、中央集權的君主專制的國家。絕對君權思想與限君思想的論爭，貫串於各個時期的國家學說中，而國家似未能從天命色彩中走出來，仍未成為思想家獨立研究的對象。

獄神廟及獄神，已存在了二千多年，可是，至今未能談及與研究的，從「獄神廟」投影出來的文化類型——也許，可稱其謂「監獄文化」。中國漫長悠悠的歷史長河中，無時不伴隨著穩定統治機器的監獄文化。我想，這無疑是封建專制文化和監獄文化相結合所衍生出來的產物。可以說，是封建社會才有的怪物。但我們應從獄神、獄神廟存在的全部歷史，去客觀指陳中國監獄文化的真相。

六十一、神秘性和忌諱性

對於這種漫長的維持封建社會的怪物——建在監獄中的獄神、獄神廟，由於它的忌諱和神秘性，今天還不可能列入任何一種文化史的範疇。由於中國幾千年來對這方面資料的封閉，當然使研究者顯得捉襟見肘、孤陋寡聞。長期來人們很少談及它和研究它。人們只是以一個旁觀者態度，「視而不見，聽而不聞」而已。其實，對於我們每一個人，連旁觀者的資格，都談不上。

幸好在致力於寫這部《獄神廟》專著時，有朋自遠方來，給我訴說這方面的材料，亦有朋自遠方傳資料來，使我增加這方面資料的厚度。譬如當我寫到此節時，適逢北京中國社科院歷史所王春瑜先生於一九九九年惠賜李喬先生的大著《中國行業神崇拜》，其中談到有關獄神廟的資料。其中有些史料我已在前敘述過了。但有一些，在這裡再輯錄一些：

蕭何廟，或蕭王殿除建在獄中外，另還建在街巷或刑場附近，這廟便是為掌獄官吏，獄卒等祀神的場所。如《西湖遊覽志》卷十六，便記載了杭州的蕭何廟。

蕭相國廟：在弼教坊內，以奉漢贊候蕭何者。宋時，廟在汴京，南渡後，建廟於此。蓋戒民坊為戮人之市，而蕭何定律令，平刑獄，義有所取耳。

戮人之市，即便是囚犯斬首的刑場，看來其建蕭何廟目的，是為了讓獄吏、獄囚等，可以此祭拜或辭別獄神。在《武林雜事詩．蕭王廟排衙》中曾有記杭州蕭何廟的詩（清．丁立誠著）：

紅袍監斬人無嘩，
蕭王廟裡歸排衙。
惟神律令佐炎漢，
殺人者死罪難逭。
若云呼喝除不祥，

有冤未白空解鑲。
律例益繁心益小，
黃綢被底放衙好。

這裡的所謂「排衙」，是指全衙門的各級官吏去參謁長官。從這亦可略窺掌控刑獄的官吏，對獄神蕭何的尊崇。

蕭何曾制定一部法典《九章律》（見《漢書・刑法志》）其述詩中「惟神律令佐炎漢」，即指他曾輔佐劉邦建立漢初法制。

清・李兆洛《祭獄神文》（見《養一齋文集》卷十七）也特別說到蕭何在建立漢初法制上的功勞。李兆洛先生還說過這樣的話：「維神克載清靜，立規世隨，輔翼漢高，莫愁秦網是用。」這便是對蕭何這位獄神的再一次讚譽之詞。

此外，還有另一種關於監獄中何以奉蕭何為第二任獄神的解釋。如姚公鶴在《上海閒話》（一九八九年上海古籍出版社）中也說：「蕭何以宅地之故，曾繫詔獄，數日而出，故監獄中建祀，以作繫獄必出之寓意。」

這是我讀到有關蕭何做獄神的詩和軼事的史料，說真的從童年至今，無論從本鄉觀戲乃或於外地看戲，在我心中留下最深記憶的，還是那幕「蕭何月下追韓信」的那一幕戲劇。

劉邦、蕭何、韓信……，這些為劉幫建立大漢帝國的有功之臣，於歷史的發展的長河裡，我們是不應忘記他們的。

可至今，在人們心中，還在為韓信鳴不平……。

六十二、一位獄卒的故事

在我開始撰寫《中國獄神廟》時，手頭所能搜集到的資料中，中國歷史上能作為獄神來崇拜的只有二位：一位是皋陶，另一位是蕭何。

在王春瑜先生給我寄來的資料中，始有了第三位獄神，此獄神名叫亞蘊。此人活在距今約三百八十多年前。明萬曆年間，曾是增城縣獄卒。想起獄卒，大多數人無好感，大都令人厭惡，但這位獄卒卻為人樸實、善良、仁義。

話說明神宗萬曆四十六年（一六一八年），那年已近農曆歲末，這位名叫亞蘊的獄卒，時所管理的監獄中，有重罪犯人五十餘人，當時正接近大年三十的日子了，獄中重犯號哭聲不止，這位獄卒，非但不像以往任何一位獄卒那樣，極力禁止獄中有人發出哭聲，卻溫和地兼問其故。那五十多位重罪犯人，更向他哭訴道：「大年三十快到了，天下人無不家家團圓，但現在我們不能和自己的父母妻子團聚，且係重犯，勢不可出，故此悲哀不已。」

亞穡聽之，俯首良久，無不同情。忽對這些重犯大聲說：「無難也。我和你們約法三章，今晚你們各自回家團聚。到了正月初二日，你們再各自準時重返獄中。」

獄中五十多位重犯聽他一說，無不感到驚愕。

這位獄卒，卻鎮定地對他們解說道：「我現在違抗法規放你們出去回家過年團聚，罪該應死，如你們到時不返回，我也應死。如你們中間只要有一人不返回，我也將被處死。如你們大家都按時返回，我至壽盡亦死。反正都要死，何必不做此善事而死呢？」

也許，明萬曆年間，法網少疏，而且正值歲末，監獄看守管理不嚴，那些重犯都被這位獄卒放回家中過年和家人團聚。

新年的正月初二日，這些重犯陸續返回獄中，不少一人，亞穡鼓掌大笑曰：「善哉！」遂趺坐而逝。

獄眾感德，烷耀其體而加漆。以其事言於縣官，縣官又上報巡按御史，請為獄中之神。後又說此位獄神肉身尚在獄中，凡有疾病瘟疫，禱無不應。人們尊之曰：「亞穡爺」。而這「穡」字，不見於書，唯閩粵之俗有之，謂末子為「穡」。而「亞」讀「如阿」，「穡」讀

「如來」。不管怎麼讀音，是否有此事，能載入史料，但這位亞殭先生，終於在明末各縣獄，被奉為「獄神」。

當然，這樣的獄卒，在現實社會甚少。因為，俗說：千里做官只為吃穿。知名戲劇《十五貫》中的胡知縣，曾有段很精彩的唱詞：「兩個老婆來告狀，我一人罰她倆雞蛋；兩個鐵匠來告狀，我一人罰他兩張鐮。」在《竇娥冤》中，楚州太守出場白就是：「我做官的勝別人，告狀來的要金銀，若是上司來刷卷，在家推病不出門。」開庭審問時，太守見張驢兒跪下，竟然也急忙下跪。下屬說：「他是告狀的，怎生跪他？」太守答：「你不知道，但來告狀的，就是我的衣食父母！」

我們說，戲劇是誇張的，應說歷史的衙門裡，也出了不少好官。「當官不為民做主，不如回家賣紅薯。」一如唐成的不用說，放浪形骸的鄭板橋當了縣官，曾做詩說：「衙齋臥聽蕭蕭竹，疑是民間疾苦聲。些小吾曹州縣吏，一枝一葉總關情。」想鄭板橋，大家都知道，除做官是清官，還畫出很美的竹，寫出很有特色的字，曰板橋體「難得糊塗」。

而曾經是小獄卒，做了這麼一件好事，上升為中國歷史上的第三位獄神，那就更少了。

六十三、第三位獄神究竟為誰

中國歷史上第三位獄神出現了。如果有人來撰寫中國監獄文化史，我想，那與人為善的原增城縣獄卒，是應該大書特書的。天下哪裡去尋找能犧牲自己，讓囚犯去團聚的好獄卒呢？能不仗勢虐人，不借機敲詐錢財，就已經是夠得上「模範獄卒」了呢，況且能做出此類善事。

怪不得在清．震鈞所撰《天咫偶聞》一書中，摘刑部提牢廳主事濮青士所著《提牢瑣記》有這樣一段話：

（刑部獄）南則阿公祠，公諱世圖：康熙時官滿司獄，以除夕縱囚，元旦囚悉來歸，一囚偶後，公懼，竟仰藥死。囚踵至，痛公甚，亦觸柱死，即今肖像牽馬侍公側者也。

阿公者，即便是亞⿰扌盡。「⿰子亞」讀「如阿」，故此公又被稱作「阿公」。「提牢」，是古代的獄吏，而「提牢廳」是為古代掌管獄卒的衙門。當然，此事之記載，也有人說是清康熙刑部司獄阿世圖所為。但我想，清康熙時這樣的事，不太可能發生。原因是清康熙時，正是清政權盛世時期。而明代萬曆，已經是明末衰落之際，萬曆帝只知玩樂，自已也不按時上朝，故易發生這類獄政管理上的疏怠之事。

這部《提牢瑣記》所載亞⿰扌盡，為第三位獄神的事，應說基本與清代鈕琇在他的《觚賸・續編》卷二中，記載了「亞⿰扌盡成神」大體相同。兩則記事的差別是：《提牢瑣記》載亞⿰扌盡為清代康熙年間，而《觚賸》言亞⿰扌盡為明末人。據我考證，這中國第三位獄神——亞⿰扌盡，應為明末人，當更可信。據資料，亞⿰扌盡是明萬曆時期（一五七三～一六二〇）的廣州府增城縣卒。他平時好施善行，寬於待人。

一個低級官員（可能還算不上個獄吏），只是個小小的獄卒（小兵），那亞⿰扌盡終被奉為獄神，其原因大概是這位「阿公」，能貼近囚犯之心，也就是中國儒家所宣揚的「側隱之心」，他毅然決施善舉，能挑起重擔，但又忠於職守，維持監獄秩序。

為了維護法制，當被他放假探親返回的人中，如若有遲歸一人，他只能「競仰藥死」，可謂因公盡責。當然，亦可算「罪責難逃」，死有餘辜了。但歷史不這樣看，人民心中自有歷史的另一桿秤，還是給了他一頂「獄神」的桂冠。

當然，我們讀《晉書・曹攄傳》記載：曹攄當臨淄縣令時，除夕到死囚牢獄視察，忽然起憐憫之心，對囚犯說：「你們不幸淪落到囚犯地步，新年怎樣過是人情所重，難道你們不想回家看看嗎？」獄中囚犯齊落淚請求：「若能暫歸，死無恨也！」曹攄就下令開獄放他們回去過年，節後限時回獄。這些囚犯對曹攄十分感激，雖無人監視，出獄過完年自動回到獄中。

《華陽國志》也有如是記載：王長文為江原縣令時，也曾放囚犯回家過年，年後全部自動回獄中。

《南史・謝方明傳》有載：謝方明為晉陵太守時，到歲終除夕，將獄中囚犯「事無輕重、悉放歸家，無一逃者。」

類似的情況記載頗多。這些記載，是統治階級為了表示他們的「寬仁厚德」的手段，「無一逃者」不近人情，未必可信。但是一位小獄卒，被歷史同類記載，就非亞殑莫屬了。故中國第三任獄神，就由他摘冠了。

六十四、一些餘聞

董橋懷舊，在這個健忘的時代裡，猶不忘「魯迅的小楷，知堂的詩箋，胡適的少作；甚至郁達夫的殘酒，林語堂的煙絲，徐志摩的圍巾，梁實秋的眼鏡，張愛玲的髮夾」。筆下呈現的，總是揮之不去的中國文化薰陶。

「在這個健忘的時代裡」，也許確是如此。中國文化中的另一支類，我們也不能健忘。即上述中國監獄文化史上，曾出現過三位頗有名氣的獄神，其實，除明代第三位獄神——亞殭後，清代監獄所奉獄神之數量，就顯得頗多而亂。

《提牢瑣記》記載諸神名目，就有以下諸多：

> 獄有神，有總司，有分司，統尊之曰獄神。在祀典者，若關帝、龍神、門神。他若佛典

之大士，閻羅、社公；若道流大乙、藥王、瘟部、火部，皆為位以祀。別一楹，祀前明椒山楊公。而刑部尚書王公世貞，郎中史公朝賓，司獄劉公時守得附焉。

為什麼到了清代，被奉的獄神有如此之多呢？這些所謂的獄神，也許是和民間地方神祭祀有關，這裡面有在監獄所把之神有關，但也有不少神與監獄無關，也被拉來奉祀。如「把前明椒山楊公」，此「椒山楊公」即便是明代忠臣楊繼盛。大家知道楊繼盛曾在歷史上因其彈劾奸臣嚴嵩而下獄受酷刑致死。

我想，這位楊繼盛先生，被奉為獄神，也須在嚴嵩之子嚴世蕃伏誅，明世宗下詔貶嚴嵩和諸孫為民後的事情了。當時前後彈劾嚴嵩的官員頗多，和楊繼盛一起下獄論斬的就有同一官員張經。而為何歷史上（當然是指監獄文化史）獨奉楊繼盛為獄神呢？這可便是個謎了。

另一個獄神王世貞為明人文學家，官至南京刑部尚書，被奉為獄神大概因其生前所任刑部尚書為刑獄之官。而史朝賓，劉時守被奉為獄神則都因於二人分別為刑部郎中和司獄有關。

真如「諸神復活」，到了清代，在監獄中的獄神名目繁多，也許，這是一個不可忽略、不可健忘的監獄文化的歷史事實。

六十五、清代獄神之洋洋大觀

到了清代，更有了眾多的獄神的出現，除皋陶、蕭何、亞薀三位用今天的話說，是正宗的獄神外，還奉出了許多其它的獄神。當然，這些個獄神，都與血淚斑斑的監獄，互相聯結的。大抵是沒有無緣無故戴上這頂桂冠的。

這麼許多不同資歷、不同時代、不同狀況、不同歷史條件下被奉為的獄神，人們是怎麼來對待的呢？

對於獄吏祭祀獄神的具體活動情況，在《提牢瑣記》中卻有些簡明的記述，我不妨錄之在下：

諸神朔望則拜，履任則記，報賽日則拜，勾決日則禮，必躬親，香帛虔潔，宜專厥司，庶幾覆盆之中，亦有臨質。神道設教，用佐官箴。

這裡的「官箴」一詞，倒真是講到為官必具備清、慎、勤這三方面的素質。如果，我們往好的方面一想，那「神道設教，用佐官箴」八個字也確實要求那些供職的獄吏大夫供奉獄神時，有促其履行「清、慎、勤」的官箴作用。

看來，獄神廟裡的獄神，不單是為囚犯而設置，同時也為那些在獄中供職的獄吏，他們也要祭拜獄神。如從這方面看來，在中國已建立了二千多年的獄神，也就不足為奇了。如我在前面已講過的，最早有《後漢書・范滂傳》已有記載。宋代各州縣監獄，皆建有皋陶廟。

宋・方勺《泊宅編》（三卷本）卷中有載：「今州縣獄中皆立皋陶廟，以時祠之。」；明代開封所設河南等處提刑按察使司，也設有獄神廟。（《如夢錄・官署紀第五》）；清代刑部獄也有獄神廟，「獄分南北兩監，監門皆刻陛犴，獄神祠在北監」（魏元曠《西曹舊事》）。如我們再詳查各地方誌，更有各類獄神廟的記載：《光緒順天府志・地理志・祠祀》中，就講到多處，如固安縣「獄神祠，在獄內」，三河縣「獄神廟，在監內」，順義縣「獄神廟，在禁房內」，薊州「獄神廟，在監內」等等。

獄神祠，獄神廟，在神州大地上的存在，中國地大物博，從清至民國初，中國大地上的獄神，已經洋洋大觀。至此，可能還有許多獄神分佈在各地，我們連個名兒還叫不上來。

六十六、祭者及祭法

正如我們所知道的，中國政治制度，在夏、商、周三個時期，並非是完善的、獨立的、統一的。直至西元前二二五〇年時由秦始皇實行車同軌，書同文後，才真正確立下了一種完整意義上的封建政治制度。

郡縣制的確立，也正與中國社會經濟的發展條件相適應，儒家的正統學說為這種制度的存在提供了理論上的合理性，從而使這種政治制度沿襲了兩千餘年。

用這類意識與理論基礎上建立的國家，皇權與神權往往是統一的。甚或所謂的統治術，王道與霸道也是統一的。

當我們細細考察中國至少在東漢已有獄神與獄神廟的建立（不能排斥秦代已建立）的歷史軌跡；就不難可以看出，實則是貫徹了歷朝歷代皇權的意志的一種再現。這只不過是通過神權實現的一種鉗制手段而已。

縱觀中國歷史，那上端，我們看到的是以「禮」相維持的、春秋之前的宗法社會，似乎可貌似法治社會。故「孔苟言禮，管商言法。」而到了秦始皇統一天下後，即「獨制於天下而無所制。」

從那以後，漢唐至明清二千年中，已無「法治」政體的存在了。而所謂的「以刑名繩下」，抑或「政嚴猛，好申韓法」，或更名為：「信賞必罰，綜核名實」等等，說穿了，便是皇權加上神權的統治。而具體實施上就是兩手，即王道與霸道也。

但魯迅一眼就看穿了這類東西，曾說：「在中國的王道，看去雖然好像是和霸道對立的東西，其實卻是兄弟，這之前和之後，一定要有霸道跑來的。人民之所以謳歌，就為了希望霸道的減輕，或者不更加重的緣故。」

而中國神權的一個重要部分，總免不了那「獄・獄神・獄神廟」那一套東西。這也確是總結了秦亡後的經驗而建立的。一種陰暗的神權。

無論祭者是誰，祭法如何？無非為了對付「頑民」而已。

六十七、「三結合」

一種陰暗的神權。它是指什麼呢？我們從大量的歷史資料、地方縣誌，以及明清史料筆記小說，抑或戲雜劇，如《蘇三起解》之類，可以佐證，秦漢郡縣制，直至清末民初，從縣級行政單位監獄中均建獄神廟，囚犯專要祭拜獄神，目的是「恐嚇和震懾囚犯」，以使進獄人犯，持續處於一種無望或依稀存有祈盼「重見光明」的僥倖心理。

中國的幾千年歷史，其根是擺脫不了君權與神權的合一。這種合一在古代是表現為「宗君合一」，在近現代是「皇權與神權」，抑或是「統治者與神權」的合一。

像王筠《說文句談》稱：「門示者，室中之神也，天地神祇，壇而不屋，人鬼則於廟中祭之。」桂馥的《說文義證》說：「宗，祭祖之祭室也，故廟曰宗廟。」丁山的《宗法考源》也講：「『宗』字本義即是祖廟和神廟。」

我引證了這些，無非是為對獄神廟溯源尋根。其實，它的根恰反映了獄神廟能夠在中國存在了二千多年的合理性依據。

實際上這個「根」，凸現了「神性與王者」存在的合理性。當然，這裡轉了一個彎，只不過是由血統而證神性，由神性而證君權。最終依然是神權與君權的合一。

這倒真使我想起，今年是紀念俄羅斯偉大詩人普希金誕生二〇〇多周年。好多學者、專家、詩人撰文紀念他。我最愛讀普希金那首長詩《埃得列．雪尼埃》，裡邊有一句詩至今不忘。他曾高聲誦起，「法律在哪裡，／在我們頭上／仍由斧頭統治著我們。」

古代封建社會的斧頭，我想，那獄神廟也是法律斧頭的一種。也是王權與神權合一的產物。否則，我們的蘇三碰到冤獄時，在她一個弱女子百般無奈，痛苦無處說，冤案無處訴時，只能喊出了一句傾吐苦水的冤叫——「洪洞縣裡沒好人」。這算洪洞縣的人遭霉幾百年。

因為她祭拜獄神，在獄神廟前忙跪倒，望求獄神多保佑。但是，蘇三哪裡能知道，這獄神其實就是造成她冤案的王權。

陰暗的神權，其實便是歷朝歷代的王權。對這一點的認識，倒是那位洪洞縣獄的解差崇公道明白，並說出了直話：

獄神獄神，穩坐廟中，
天天求他，頂個屁用。

畢竟是那個有長期獄中經驗的崇公道，看得多了，也世面多見，他對中國監獄的秘密，已透入化境了。

六十八、神權體現王權

中國早期政治制度（例如商、周的政治制度）中神權與王權是緊密結合的，君王通過複雜神秘的宗教儀式，來強調「君權神授」的思想，從而鞏固自己的地位。可人無法斷定神是否存在並瞭解他的性格，除非他自己主動地向人們顯示。我們必須認識他是怎樣的一位神，他對我們的態度是什麼，假設我們知道他的存在，不過卻像希特勒那樣任性、毒惡、偏見和殘忍，那會是多麼的恐怖！

例如商王通過迷信手段，把自己的想法和做法，說成是上帝的意志，把自己的權力及其刑罰統治也都解釋成是上帝的恩賜和指令，從而把自己的政權神化。現從數以萬計的殷商甲骨卜辭、禮器和殉葬遺骸，表明商王朝是一個神權高於一切的王朝。商王既是附屬國聯盟的首領，又是群巫之長。以神支配人，以神權強化王權、神權和王權合二為一，是商朝的政治制度的特點。所以，商人對所謂先公先王祭祀等，名目繁多，儀式也多，十分隆重。但是，靠神權來統治的王朝，其生產力日漸衰下，人民生活多災多難，統治者卻越來越腐敗。

「自時厥後，立王生則逸，生則逸不知稼穡之艱難，不聞小人之勞，惟耽樂之從。」（《尚書・無逸》）。經過長期屈從於商的周，終於勃興而滅了以神權體現王權的商，建立起中國第一個封建王朝。

其實，神權也好，王權也好，說穿了是為了利權。這利權是真正的落腳點。余英時曾說「『俠』是中國文化的獨特產品。」古有「任俠」與「遊俠」之分，任俠者，一如孟嘗信陵朱家郭解等能養士結客，有許多人依附他們。而遊俠大都是單身的（余英時《中國文化史通釋》）。但我認為，中國出了這麼許多俠，無非是為了「利益」兩字。

清人石玉崑的公案小說《三俠五義》裡，有一段有關獄神廟的描繪，讀來尚有趣：「且說雨墨……後來見顏生入監，他便上前苦苦哀求禁子，並言有便敬奉上。禁子與牢頭相商明白，容他在內服侍相公。」

「且說顏生在監，多虧了雨墨服侍，不至受苦。……忽見牢頭將雨墨叫將出來，在獄神廟前，便發話道：『小夥子，你今兒得出去了，我不能只是替你擔驚兒。……』」

「忽聽監門口有人叫：『賈頭兒，賈頭兒，快來喲！』賈頭道：『是了，我這裡說話呢！』……那外面說話的，乃是禁子吳頭兒。他便問道：『你又駁辦誰呢？』賈牢頭道：『就是顏查散的小童兒。』吳頭兒道：『噯喲，我的太爺，你怎麼惹他呢？人家的照應到了。此人姓白，剛才上衙門略一點染，就是一百兩呀！少時就進來了。……』」

我們從這些對話中，那是政權的一個體現——監獄之中，無論王權、紀律、規範，甚至神權也好，這一切就化為烏有！只要「上衙門送一百兩」。

六十九、獄吏的獄神觀

我讀《提牢瑣記》時，總有一種懷疑，那裡邊提到的在職獄吏，也必去供奉獄神，其目的是「用佐官箴」，意在使獄吏們做到「清、慎、勤」之廉政作用。口號是提出來，大家說說，乃或表個態，甚或上報刊出你的誓言壯語、電視上進行採訪講得諍諍有詞……，這一切都行，但是，真要做起來卻難。在神權與王權合一的長期的封建社會裡，也許這「用佐官箴」四字，大都是一句空話，抑或是一種形式，做做表面文章，一陣風吹皺了一池綠水而已。

獄吏供奉獄神，是俗話說的，「老和尚念經有口無心。」在封建社會，這是外部的精神憑藉，在內部制度上必保證宗君合一的必然性。有「拔一毛而利天下我不為也」和「寧錯殺一千也不可放過一個」的王權思想貫徹下，你一個小小獄吏，能做到「用佐官箴」嗎？

高爾基還曾感歎：「不久前的奴隸在他獲得了充任別人的主宰的可能之後，就變成肆無忌憚的專政者了」（《不合時宜的思想》，江蘇人民出版社）。可以說，諸如這些情況下，那些獄史靠供奉幾個曾是古代前賢的獄神，能做到「清、慎、勤」嗎？

而那「用佐官箴」相矛盾的例子，倒不妨在此一舉。

有一雜劇名叫《祭皋陶》。作者為宋琬，字荔裳。康熙十一年序刊本。也是一本未經曲家著錄的單刊本。全劇一本四齣，全劇托漢•范滂被誣下獄之事展開，劇中之獄神皋陶由淨角扮演。獄神老爺世稱「鐵面大王」。即就是所謂的「清、慎、勤」。但卻有不容「鐵面大王」的難處。最有意思的是，我看到那裡有幾句臺詞對話，讀來令人神往。

讓我們看臺詞：

鬼卒道：「稟大王爺，按舊例，罪囚到獄，都有祭獻。而范滂來了數天，香也不燒一柱，若今後都像他一般，連小的們都要餓死了呢。」此質疑一問，連無私的「鐵面大王」也難於答上。

真可謂「一言中的！」

乍聽這一句臺詞，雖則是演雜劇《祭皋陶》（即祭獄神），卻不真實地反映了一種現實？所謂，通路欲收「買路錢」，進獄要收「祭獄神錢」，殊不知，唐僧去西天取佛經，最後欲得真經時，也要付「取經費」。否則你休想得到什麼。

這便叫「世道人心」矣。

七十、《提牢備考》與《蘇三監獄志》

清朝人趙舒翹寫了一部《提牢備考》，確是部好書。在中國漫長封建社會裡能涉及到監牢制度，監獄管理類著作，確實可謂寥若晨星。足資後人研究監獄文化史所用。

提牢掌管稽核罪囚，並旁及監獄四糧雜事。辦公的地方，就稱謂「提牢所」。《提牢備考》分四卷：一卷輯《囚糧考》，二卷述《條例考》，三卷記《章程考》，四卷載《雜事考》。

書中有自序，述及光緒五年（一八七九年），上級委派他擔任「提牢擬陪」。當這一差使降臨他時，趙舒翹，這位長安人，那時的心情，他確直言不諱：「自念以孤寒雜廁曹末，忽蒙上官謬加賞識，懼勿勝任，貽隕越羞，自此益像域。」說出了他擔任提牢時的如臨深淵，如履薄冰的內心。

由於作者懷才不遇，忽蒙上官謬加賞識，雖未升級加官，已感激不盡，故第四卷《雜事考》中，作者卷首必歌功頌德一番，以示忠心。請看：「……我朝矜恤庶獄、糾悉靡遺、官斯職者，類多惠政，睡而行之。仁拒遠乎？蓋使人知獄吏之尊，不如使人有眾母之感也。」這是「嘉言鼓行，為治之要」的一番美妙描繪。但實際並非如此。

當我為撰《中國神秘的獄神廟》時，山西洪洞縣委辦賈軍安先生，特地為我拍攝了五張彩照，還千里迢迢郵寄了二本書《蘇三監獄志》（編者：張青），還有《蘇三軼事》。現我錄以下一段文字：

> 蘇三起解時，正值陰曆六月天氣，她身帶重枷，行走艱難，在洪洞城裡他邊行走，邊求告……幸好長解崇公道是個心底善良，同情弱者的老頭兒。
>
> 崇公道這個老頭兒，是一個非常真實的藝術形象。他一生在洪洞縣衙裡混事，目睹了多少貪官污吏的齷齪行徑，親歷了數不清的冤假錯案。他看破了塵世上的不平事，卻又沒有力量和辦法去改變它。他說了一句幽默話：「你說你公道，我說我公道，公道不公道，只有天知道。」
>
> 他管了多年犯人，看透了封建法制的虛偽性。那神聖不可侵犯的王法，在他眼裡只

不過是由人隨便揉搓的軟麵團。

你看他在出監門時，要給蘇三戴刑枷，說：「蘇三過來，將這個枷戴上！」

蘇三不解地問：「怎麼還戴這個？」

崇公道嚴肅說：「這是朝廷的王法，不能不戴！」蘇三服從戴上了刑枷。

到了一棵大槐樹下，他見天氣炎熱，蘇三身戴重枷，行走艱難，又要給蘇三卸去刑枷。

蘇三說：「老伯，這是朝廷的王法，如何卸得？」

崇公道說：「王法，屁法，她媽的頭法（髮），在城裡由他，出了城由咱。」

他給蘇三卸去了套在她脖子上的朝廷王法，自己斜背在肩上了。

為何要錄上述文字，只是讀《提牢備考》中那「嘉言懿行為治之要」的話，以及那歌功頌德的美妙描繪，確和現實的事是不符合的，讀這段寓意深刻，俱有強烈諷刺意味的對話，蘇三和崇公道已對這類嘉言作出了戲劇性的挑戰。

大逆不道，由此可見。但是，我對《提牢備考》是懷疑它的真實性的。但作為上級委派的趙舒翹先生，他為了自己「混口飯吃」也不得不說了那些違心的話。

七十一、
獄神處於三百六十行之外

自從中國有獄神廟，廟內有專為供奉的獄神，這一事實，已延續了二千多年，但今日的中國民眾，還不明白獄神廟是怎麼一回事，獄神是什麼？這種人可能有百分之九十以上。

試看關於中國獄神廟的書籍，恕我寡聞，幾乎沒有。對這個問題的研究者有多少？李喬的那本《中國行業神崇拜》提到了一些。但顯然不屬於「三百六十行」中那種從業者所奉的祖師，也不是神靈崇拜的產物，亦不是行業開創的祖師神。高爾基說過對神的看法，他說：「在原始人的觀念中，神並非一種抽象的概念，一種幻想的東西，而是一種用某種勞動工具武裝著的十分現實的人物。神是某種手藝的能手，是人們的教師和同事。」如果我們對照這句話，土生土長的中國獄神廟中的獄神，是根本對不上號的。

中國是造神最多的國家。神，往往是人自已造的。人們簡直是挖空心思造了許多神。中國漫長的歷史上有很多特定時代，會有人有意無意地發動人們來進行造神。少數人的造神，為的是極大多數人來奉神。乃或是互動的一種心理活動，一種實踐操作。

當然，這是有時代的距離和間隔的，也有歲月悠悠、漫長的空間。有的是「約定俗成」的，有的是用一種暴力造就的。由人變為神，是將人神化了，使之具有神的特徵。有的是自己走上神壇，有的是人們把他奉上神壇。

紀昀在《閱微草堂筆記》中曾說：「胥吏祀蕭何、曹參，木工祀魯班，此猶有義。至靴工祀孫臏，鐵工祀老君之類，則荒誕不可詰矣。」

在紀昀的看來，胥吏供奉獄神蕭何、曹參是有意義的。那是因為蕭、曹，曾擔任過書吏、獄吏之故。其實，恩格斯曾經講到產生宗教的兩種壓迫：一種是社會力量對人的壓迫，一種是自然力量對人的壓迫。在我看來，中國獄神及獄神廟的產生，追溯它的崇拜原因，應該如恩格斯講的是前者——即社會力量對人的壓迫，這是不容置疑的事實。

所謂的「神者何、靈化之真宰者也。」「謀事在人，成事在神」以及「神道彰而人必獲福」和「惟生理之興隆，全仗神靈之默佑」。這難道是人世間真有的事實嗎？

我們不妨再錄蘇三在供奉獄神時的虔誠心理：

聽說上司把案調，
洪洞將我已開銷，
此去吉凶難分曉，
不由叫人心內焦。
低頭出了「虎頭牢」，
獄神廟前忙跪倒，
望求爺爺多保佑，
讓我好郎得榮耀。

從上述這段唱詞，我們可看到，對獄神的供奉和祈求，應從兩方面加以考察。一是對獲罪者的囚犯，二是對獄吏。也就是恩格斯講的一類是被壓迫者，一類是壓迫者。為什麼兩者都要對獄神供奉呢？這確是值得研究的課題。

七十二、一致的供奉和不一致的心境

獄中的囚犯和獄吏，是兩個截然不同的對立者，至少在這囹圄中，前者是被壓迫者，後者是壓迫者。在獄神廟內，這兩者的心境是什麼呢？為什麼都要去供奉那獄神廟中的獄神呢？

李喬先生在《中國行業神崇拜》中曾說：求神保佑的原因概括起來有兩個方面：一是祈求獲得利益和成功；二是祈求消除困難和災禍，也就是求福攘災。

我想，關係到對獄神的崇拜方面，卻並非如此那麼簡單。因為，提牢（監獄管理）之事畢竟不是什麼「煤業供窯神」，是求「窯神賜烏金而興寶藏」也不是「茶水業之陸羽」，為的是「宜茶足利」。而對這個神秘的範疇，作為一個階級壓迫的重要工具，它在本質上，受其性質的限制，以及歷代對獄神廟的建造，獄神的塑造與供奉，就不那麼單純了。

十多年前有東京大學東洋文化研究所刊行仁井田升的一部研究著作，叫《北京工商基爾特資料集・東嶽廟》，書中研究了北京歷史一些行業神，如何「顯聖」來幫助從業者，解除困難的資料。如反映北京木、瓦、棚業等，於乾隆五十七年《魯班聖祖碑記》有云：「蒙師祖默顯神功，潛為庇佑，而工告成。」說的就是以魯班「顯聖」，以求行業神魯班庇佑。

誠然，中國獄神廟中的獄神，作為囚犯去祭拜，可以說也類似木工、瓦匠供拜魯班，為的也有些祈神保佑的意思。但前者是行業中人，屬一種自發的行為。後者卻是絕對的被動的行為。用今天的話語，便是你進了獄中，是必須被迫遵循的指令性行為。

在這裡我倒想起《清人說荟》中，濮文暹先生，留下的幾句話，頗值錄之：

斯所謂惠而不知為政者歟，雖然，周易言訟，厥卦凡三。噬嗑利用獄。著乾肉黃金之像，旅不留獄……至於議獄中孚，乃格豚魚，豚蠢可笠，魚愚可罟，獄近之矣……。

濮文暹先生在他書中，先論述了獄神後再投筆而喟歎地說了以上一些直率的話。對這些話，我想不必釋解，從中也可讓讀者自己在心靈中釋述出囚犯祭拜獄神的本質特徵了，從中意蘊出了中國二千多年漫長的封建制度是什麼？

七十三、放著獄神不燒香的後果

在民間有一句俗話：「泥水匠朝拜土地爺——我知道你是哪塊地裡的土。」又有一句俗話：「泥木匠地——心不誠。」這裡講的是我們的歷史上所推崇、所祭拜、所供奉的神，都是我們自己用物質造起來的，而造神的人便是人。而神被造起來的過程和底細，我們大家又非常清楚。就連缺少文化的泥水匠、木匠也一清二楚。

有一種說法，距姜子牙還遙遠的那個時候，中國還沒有興起監獄，那時，扣押人的辦法是「劃地為牢」，就是在地上劃個圓圈兒，把犯人圈在裡頭，便算是蹲了監獄。這類說法也許有點根據。譬如，明•吳承恩《西遊記》第五十回，也說到「古人劃地為牢，他將棍子劃了圈兒，強似劃地為牢，假如有虎狼妖獸來時，如何擋得他住？」從這段文字看，吳是持懷疑態度的。但我想，我們應設想，上古時期的人，社會生活是比較寬容與和諧的，就算有了野獸來了，牢中的人，想是可以出來躲避的。

我常常覺得監獄的歷史如果用中國文化史來鳥瞰，確可以咀嚼出許多奇怪的味道來的。至少和如今正統的教科書說的，或歷史上有關書籍的記載，也許相差十萬八千里。

「劃地為牢」的監獄，據說不需要人去多加管理，那就更不需要「神」去管理了。所以，我們在姜子牙的封神榜上，還未能讀到管理監獄的神。但後來有了監獄，有了坐監的人和管理監獄的人，慢慢也就衍化出了管監獄的神——獄神。

古代縣級行政單位的監獄裡，一條規矩，規定犯入參拜獄神。這似乎和監獄中的「放風」規矩，差不多重要。讓囚犯在獄神面前反省，讓他們知道除了要遵循嚴格的獄規以外，還要讓他們知道在這裡受刑，是神對他們行為的一種懲罰。用今天的話說，便是除肉體上要受刑外，精神上也要「受刑」，以撤底剝奪他們在「身心上的一切權利」。

在那裡，似乎總有個「神」在監視他們，如不好好服刑，如不好好悔改，再不撤底「竹筒子倒豆」，好好交待，這個獄中之神，就會去報告上蒼，上蒼就會罰他死後也要受罪，來世遭難。

這是多麼可怕的一項懲罰舉措——就算你不想活了，那你的來世呢？你的子子孫孫呢？你子子孫孫的再來世呢？還有來世的來世呢？……無窮無盡。

七十四、造神效應

上幾節我說到，在《祭皋陶》中，皋陶世稱「鐵面大王」。「鐵面」者是無私的，俗說清廉之吏，鐵面無私，老百姓幾乎成了一句口頭禪。這是老百姓長期祈盼的事。

但皋陶獄神的下屬，那些小卒小鬼們，卻發起愁來，「范滂來了數天，香也不燒一柱，若都像他一般，連小的們都要餓死了。」

這也算是下屬們，向上級訴說苦衷的真心話。

如將這移情於人生現實，獄神應是「小的們『生財和生存的依靠』，如放著獄神不燒香（即不花錢財祭拜）那這獄神廟和獄神，放在監獄中有何用呢？」

以此想來，讓囚犯拜獄神也有一個副產物，講起來也不免簡單，說白了這個副產物，也便可使小獄卒甚或獄吏們敲詐些錢財派用。

也許，這樣移情，也是一種個人狹隘的推算，但至少這也是有史料作依據的，不妨拿來做個例子，供研究者或讀者思考和聯想。當然，這僅是造神之經濟效應。至於說到政治上造神的效應，那可是一大篇論文，一大部書也。還是讓後人去寫一部洋洋大觀的《二千年造神效應全傳》吧。

這倒又使我想起歷史地理學家葛劍雄的一段有關神的話：「你看雷公電母，每個城市有城埠老爺，這個城埠老爺本身就是做出貢獻或者有權威的本地人。如上海城埠老爺是一個知府，就是保護神。臺灣有些地方因為新建廟宇，沒什麼城埠老爺，可以從大陸請過去。再下面的基層組織，是土地公公，土地公公無姓無名，就是街道辦事處或村長。臺灣最近拍了個紀錄片我看了，早上起來先拜土地公公一路拜過去，得到諸神保護。保護他什麼呢？不是靈魂到天堂，而是風調雨順，家裡興旺發達平安。比如，我們小時候，有幾件事情是絕對不能做的，第一，報紙什麼的不能擦屁股。這不行的，這是大事。另外米粒不能掉在桌上，不能浪費。最重要的是要孝敬父母，否則要遭雷電劈死。打雷時，大家很怕。傳說某某村裡什麼人被雷電劈死了，身上還出現『不孝』兩個字。這樣的一種制度，使你敬畏，警告你不要幹壞事。儒家講，君子要慎獨，一個人的時候特別注意修養，一般人做不到，那麼靠什麼？靠這個，使你敬畏。比如文化大革命後，我去北嶽恒山。我很奇怪怎麼北嶽大帝沒被撤掉。什麼道理呢？因為山高，北京紅衛兵走走都不高興上去了，結果本地一個小學教師帶了學生上去，那個菩薩是銅的，沒有砸壞。這個老師，下山時就提不起腿來了，一年不到就死了。從此再不敢去動這個廟宇。這就成為敬畏了，不需要什麼理論。還有下十八層地獄，閻羅王。很多傳說，來世做牛做馬，投胎投的不好。另外也可以解釋很多，比如人家命好我這個命不好，肯定前世做了什麼壞事，今世不修修來世，這個來世不是什麼靈魂純潔，不是升天堂，而是再轉世投胎的時候投得好一點，否則投胎做牛做馬。」

也許，在以前科技不發達的中國人，心中總裝著各式各樣的神。但是，就在今天比較發達的現代工業化社會，各式各樣之神，還會附在你身上。我想，這是否因「對於無知的生靈來說，神的愛護和懲罰比人的愛護和懲罰來得更溫暖，更無可懷疑，更有力」呢？

七十五、參拜獄神的三種獄囚

其實在獄神廟裡參拜獄神的有三種人。

一是判了死刑的，怕死後上蒼還要罰他受罪，他們請求獄神在上蒼面前能多說些好話，下了陰間，不要再懲罰他過「牛頭馬面，要下油鍋」的地獄關，也便是說為自己的亡靈超度。

一種是判了徒刑的人，這種人在獄神面前，表示虔悔，表示認罪，請求對他寬恕，祈告獄神，能賜他們早日出獄，與家人團圓。

還有另一種人，就是早日曾在社會上利用權力，為虎作倀，受了賄賂或強凶霸道殺人者，或是劊子手，他們自知作惡多端，理虧心虛，怕死後受到上蒼的懲罰，他們也來參拜獄神。說的是，自己同死者前世無怨，今世無仇。現在這樣幹，出於無奈，或是奉上司之命行事，不得已而為之。

他們也許要向獄神透露心事：「若上蒼要問罪，就也應去找那個縣太爺，或他的上司算帳去，與我們這些人無干。」

當然，參拜獄神的心靈狀況，遠非上述三種。如果用弗洛依德心理說去分析，還會有很多種類，這有待將來獄神廟的研究者細細研究。權且在此拋磚引玉。

對這方面的研究者，爭議起參拜獄神（這種中國歷史上的特定產物）是否有「純」的一面，那些人的潛意識裡「心靈保佑」是否能慰藉一絲囚犯的心靈，能否起到對他今後的現實生活有所關照。

我想，對於這方面的「純」及「潛意識」之移情，也許仁者見仁，智者見智。但有一點倒能肯定的·從這個「獄、獄神、獄神廟」的題目，可以使眾多研究者，抑或有興趣的人，產生許多無限的聯想。這種翩翩的聯想，可以涉及古代、現代、國內、國外……甚或還在社會生活中進行的一切。

斯賓諾沙曾說：「那受恐懼的支配，去作善避惡的人……」他認為，「一個人只要受制於外在的影響，他就是處於奴役狀態。」斯賓諾莎還主張，無知是一切罪惡的根源。對於死亡的問題，斯賓諾莎的名言是：「自由人最少想到死，他的智慧不是關於死的默念，而是對於生的沉思。」

也許，中國獄神廟裡那些人，長期處於封建閉塞的社會之中，是沒有機會接受這類的教育。因為十七、十八世紀……，甚或到了二十世紀，如此的思想陽光，還未透射到我們身心上。

七十六、參拜獄神的三種獄吏

在我們分析了囚犯參拜獄神的心裡上「純」和「潛意識」後，我想，還有一個話題，值得研究，那便是古代監獄中的獄吏，為什麼也要按規供奉獄神呢？對他們來說，至少也屬於監獄壓迫者的代理人類型，他們長期於監獄供職，並對那泥塑木像的獄神，早熟視無睹，司空見慣了，而他們對獄神供奉的「虔誠」，究在哪裡呢？

他們的職責，是以對犯罪者進行規訓和懲罰，難道他們對獄神，還有些許寄託之情嗎？這些在司法與道德上的矛盾，難道是獄吏要虔誠供奉的心理嗎？

也許，正是這種矛盾，獄吏參拜或供奉獄神，我想，大致應有三種類型：

一是為了教育所有在監獄中供職的大大小小的獄吏，使他們執規守法，這便是「神道設教，用佐官箴」的作用和目的。

二是獄吏做了陰暗的勾當，抑或肆虐或敲詐過囚犯的錢財，欲求獄神庇護，不致暴露，祈保平安。因為，在監獄中做了些壞事，他們認為這座長期存在的獄神是最清楚的，最能窺察得明白的人，似乎逃脫不了那神龕中供奉的獄神的那雙眼睛。

再有另一種獄吏，心中有良知，正直之心時在心中，在獄中所見所聞，對錯案冤案看得清楚，聽得仔細，其中的蹊蹺也有底細，但無能為力，愛莫能助。在這種獄吏的心靈中，似乎也只有祈求以「神」，他們祈求神能給予善良與正直的人一種契機，如遇上級官吏大人廉明清正，看出破綻。他們為蒙冤之囚犯，求獄中之神，有明察的一線希望。

當年《女起解》裡的崇公道，當年在洪洞縣裡當一名刑房書吏的劉志仁，等等，都屬於第三種類型的人。我想，如能寫出《提牢》一類著作的人的心裡，若仔細分析，也屬此類。

他們信「神」嗎？不信。他們不信乎？信耶！俗說：不可全信，不可不信，是矣。也許，「小人畏刑，君子畏天，恐懼和畏罪，是中國道德實踐的基礎。」

七十七、磕頭也是假的

李喬在《中國行業神崇拜》中說：「行業神傳說還具有民俗研究價值和認識價值。首先，這些傳說對於研究行業神崇拜本身就具有直接的、重要的作用。如從這些傳說可以看到從業者心目有神的面貌，可以看出從業者的信仰心裡，迷信意識等。其次，由於行業神傳說事象，尤其是行業習俗，因而對我們瞭解和認識這些民俗事象具有參考價值。」

我和一些朋友侃聊，談到這監獄中的獄神，話題不管怎麼轉，總感覺和李喬的這段行業神崇拜還真搭不上邊。你說蹲監獄的囚犯祭拜獄神，是信仰心裡嗎？是反映了大量歷史上的民俗事象嗎？我看不是。你說獄吏供奉獄神是懷有這種心裡嗎？我看也不是。

我倒真依稀想起凱撒被刺後，希臘羅馬的城邦共和制告終，三頭政治改為元首制。奧古斯都在沒有帝國和皇帝之名的情況下，迅速把自己變成了神。他命令在全國建廟，修祭壇，以讓全國的官、民、奴都崇拜他。奧古斯都為什麼這樣做呢？

這實在也算是一種苦衷。因為，奧古斯都心中最清楚，他需要政治上穩定壓倒一切，當時羅馬有民族問題、宗教問題，而他的大一統的政治與經濟迫切需要統一的精神支柱。所以，他需要罷黜諸神，只立凱撒和自己為大神。

以此我想，中國二千年來需要在監獄建立獄神廟，確立一個崇拜的監獄之神，也是服從於中國大一統的政治經濟服務的。所以，對獄神廟及獄神的研究與考察，必須跳出行業神崇拜的這個範疇。

在這裡我真佩服金克木這位老先生，我記得他已經年近九十高齡了。他曾說：「崇拜的意思就是一句拉丁話：Do ut des，就是說，我給為的是你給。這是交換，是貿易。崇拜不等於信仰。教徒不等於志願殉道者。神若不賜福，不救苦，那就不拜，不獻祭，磕頭也是假的。」

金克木先生的一番話，真道出了獄神廟中囚犯與獄吏共要祭拜或供奉獄神的心態。「磕頭也是假的」，確說出了人間真諦。

七十八、並非結束語（一）

——實乃一大發明

當我終於有機會去山西洪洞縣參觀蘇三監獄時，通過一條長長的通道，很幽暗。當我踏進曾經監禁過蘇三的「狴犴牢」真猶如歷史倒回到了明代的封建社會。這是一處明代監獄，黑黑的厚磚，冷酷無情，砌成了一面面高牆。上面刻有的「虎頭」，那麼可怕，那麼嚇唬人。獄神下，是一個陰森可怖的「死囚洞」，進出那裡邊的囚犯，只能彎下腰爬進去。殊不知高高在上的獄神，是如何來看待那些個可憐的人。

被關押在這裡的類似蘇三這般的犯人，每天要被押進押出，時命令她們去祭拜獄神，總念念有詞，單是這種生活的折磨，已使人無法生存下去，更不用說還有嚴酷的刑罰和無情的歲月，讓他們默默度過。

想到這些囚犯既受肉體，同時又備受獄神在精神上的折磨。在今天，在山西洪洞縣，已把這座監獄當成旅遊點供人參觀時，回想當年，蘇三這位弱女子是如何挺過來的呢？在獄吏或獄卒把她從死囚洞裡押著走到獄神下哭哭啼啼跪拜時，她不知何年何月能不像鬼而像人，走出那黑暗的囚牢？那時她，是何止歎息？

參觀洪洞縣蘇三監獄之餘，不知有多少遊客，想到六百多年來，發生在這死囚洞、這狴犴牢裡，那一幕幕的悲慘往事。真可謂感慨萬千。當我瞧著蘇三監獄中那每一個陰暗角落，當窺看到六百年前的那段歷史往事，有多少個原是鮮活的生命，就死在那個陰暗的地方，我的心無不充滿憂傷，不是因為個體孤獨或死寂而產生的憂傷，而是因為在這樣的司法體制背後，那數千百萬人的共同命運、共同場景、和共同的結果，而產生出的憂傷。

當然，蘇三是僥倖碰到了一位善良的崇公道獄卒，也那麼巧碰到了那位鍾情於她的王金龍大人。可這畢竟是千萬分之一的概率，乃或是人間美好的傳奇與嚮往。如果我們稍稍翻翻那漫長封建社會的歷史記載，大量的史料證明，貪贓枉法的獄吏、兇狠的「牢頭獄卒」，再加上能從精神上剝奪和催垮個體精神支柱的所謂公正，最終是不會放過他或她們的。

茫茫而又長長的封建社會裡，能建造出監獄中的獄神及獄神廟的壓迫者，試想，他們能替祭拜獄神的人說話嗎？

也許，這也是像魯迅說的：「是一大發明」。是「「明於禮義而陋於知人心」的一個佐證。

也一如他老人家說的：「群起而打之，惟恐他還有活氣，一定要弄到此後一聲不響，這才算天下太平……。」

以此可見，囚犯之拜獄神和獄吏也煞有介事的供奉獄神，這共同的行為不同的心態，這虛偽性的虔誠，本身就是一個諷刺。

而近年這類「祭拜」開始還魂，有些人還特地在胸口掛了一個玉石之類的神像或其它附身符，可見我們的社會「沉渣泛起」易，而「去其糟粕」難。

我不由想起阿城的一句話：「只是新魂比舊鬼差些想像力」。

七十九、並非結束語（二）

——連續的造神

一部封建社會另類的監獄文化史，當今人們很少去談它，似乎忌諱去觸及它靈魂的存在。但獄神和獄神廟的存在，卻反映了封建社會人吃人的辛酸的血淚史。在獄中崇拜、供奉的對象，實際上總是一個活人，抑或是死而復活的人。

如在我前面章節中，已提到的中國第一位獄神皋陶。乃至到了漢代以後，又有第二位獄神蕭何。這二位均是歷史上死而復活的人（在人們的心裡，總是留存著一個感覺）。活對象死了，還要繼續崇拜他的遺體、遺物。如我前述明代獄卒亞殭（阿公）死後，監獄裡的人把他遺體塗上漆然後再供奉成獄神，以讓人作為獄中崇拜的對象。這真猶如埃圾的法老干，須在金字塔裡保存木乃伊屍體一樣。我們還可以觀察到基督教徒，不但尊重殉道者的遺跡，而且要朝拜聖地。那十字架終成聖物。在歷史上，還為爭奪耶路撒冷，甚至發展到要幾次出動十字軍發動戰爭，至今戰爭硝煙不盡。

如果再追朔中國人信奉的佛教，把崇拜的佛在園寂火化後的遺骨，人們把這東西稱謂「舍利」珠，無論古代抑或今天的人們，卻把它稱之謂「國寶」，把它存放在佛塔的底下，讓人供奉不盡。

明代張岱在其《前朝夢憶》中說，崇禎十一年（一六三八）他與朋友秦一生，游普陀阿育王寺，參觀舍利子銅塔：「凡人瞻禮舍利，隨人因緣現諸色相，如墨墨無所見者，是人必死。」

後果然張岱看見：「眉目分明，髭鬘皆見」。而秦一生「反覆視之，訖無所見」……「一生果以是年八月死。」你看，連張岱這樣的知識者，也深信不疑。那麼，身處命運艱辛，一生無法掌握自已命運的底層勞苦大眾，怎能罷脫人間的各種羈劫呢？

故不論是泥做的、木頭雕的，陶泥的，或進化為瓷做的、乃或石刻的、銅鑄鐵成的等等，這些神像，這些囚苦人心靈崇拜的對象，那進一步具化或物化的神，若用歷史眼光細細觀察，只要有人類居住的地方，幾乎是大同小異，幾成了黑暗世界裡的一體化。你說怪嗎，神嗎？

恕我孤陋寡聞，從世界文化史看，從監獄的誕生及進化史來看，中國這片大地上，從古代至近代在監獄中建立獄神廟及其供奉、祭拜的獄神，應是獨有的一種文化現象，從這個意義上說，它是土生土長的，且是中國歷史上封建專制文化的產物。

以此可以看出，崇拜必定有對象，至於那對象是誰？叫什麼，都無關緊要，活人或死人或死後而又復活的人，都可以成為神。這便解決了我們監獄文化史上為什麼要把皋陶、蕭何、亞薀等若干個人，被奉為獄神。至於誰來擔綱成為獄神，當然，總有歷史可尋可覓，找到漫漫淵源。

隨對象的不同，當人們需要時，大抵是可以想方設法找到幾章依據的。只要有人類的崇拜，這找依據的問題，不難。在中國大地上造神，更不難。因為他有深厚的群眾基礎。至今還大有市場。

八十、並非結束語（三）

——多視角審視

魏荒弩在《懷念傅鷹先生》一文中有一段話頗值一錄，那是講文革時期的歷史。他說：「牢籠一般的牛棚，時時刻刻籠罩在無邊恐怖之中。罰站，罰跪，打罵聲不絕於耳，還偶聞呻吟哭泣聲，用裹了橡皮的鏈條抽打，舉起粗大的樹根往赤背上掄去。所有這些，幾乎每天都在刺激著『在押犯』的脆弱神經，日無寧日，夜無寧夜，簡直是個人間地獄。」

這是文革所發生的事。但這段描繪，亦可想見，古代蒙昧時代及後來的長長的封建社會中，那牢籠中有嚴酷的獄卒，他們往往利用獄神猙獰的面目恐嚇你，使你心中有「神」在懲罰，時有「神」在協迫著你。時之今日，我們還可以想像如蘇三之類的在押犯，每天生活在「狴犴牢」中，那脆弱的神經·每時每刻都會惶恐不安起來，真可謂是人間地獄。

趙鑫珊先生曾說過這樣的話：「站在人類建築藝術的立場上，我們當然感謝皇權和神權。沒有它們，人類建築藝術的發展會緩慢得多。」但他還歎謂：「……杜牧的《阿房宮賦》有『……復壓三百餘里，隔離天日。』」（《人的建築傾向和破壞傾向》）他確從建築藝術歷史的發展，提出了「我們這個星球上只有兩種權力才能集中全國的巧匠和良材。」

寫到這裡，在我考略中國獄神廟及獄神的故事後，快要擱筆結束之際，我也要邯鄲學步地說：在我們對從中國漫長的封建社會監獄文化史的發展，如重新作一審視與鳥瞰的話，我們也應該感謝皇權與神權。沒有它們，人類中建立的監獄（當然是中國古代監獄），就失去了獄神廟建立的歷史記錄，以及對那裡面獄神無限崇拜的景象。我們今天也無從去考察有著二千多年歷史的文化史上的一個縮影——獄神與獄神廟。這個歷史的縮影，不只是政治的制度問題，甚或也是我們每個人的心靈黑洞，在古老監獄裡，一切赤裸裸的呈現，是一個社會場景的最大陰暗面，那個最容易被人遺亡的角落。

蘇三以及其它故事人物祭拜獄神，雖有文章上的一些誇張，不過對照大量史實（當然還有待人們進一步考察）以及殘存於世的獄神廟資料中，那當年所塑造的各種類型的獄神，確有其歷史事實的依據。

可惜的是，在清末民初或更晚些時期，歷史上的獄神廟以及供奉的獄神，均被新式的監獄所廢除，抑或被其它象徵物所代替。當然，它不是像阿房宮那樣慘，工程尚未完成就被項羽一把火燒了個精光。在中國監獄歷史上，獄神廟作為一種政治壓迫和思想工具的使用，其命運維繫之長，是其它國家所罕見，也不可能發生的（我講的是有些國家也有類似象徵性崇拜，但其特色及其維持時間，沒有中國那樣長的時間和空間的跨度）。

我們讀孔子的《論語》，可以讀到他老夫子提倡的孝，古代還有《孝經》。但那時還未大講「忠」的涵義。不知從什麼時代開始，出現了大講「忠」的意義。

我記得孔子講的天子，其實是一國之君，是大統一帝國的招牌。是他非常想恢復的周的禮制與社會秩序。但後來的講「忠」，便成了絕對的忠君思想。我們講的囚犯對獄神的崇拜，這裡倒沒有多少「忠」的成分，有的是被迫與愚民政策相結合的崇拜，抑或是統治者製造出來的強人之難的陰暗的信仰。

但這獄神廟裡的壓迫者（獄吏、吏卒）的供奉獄神以及被壓迫者做的祭拜獄神，他們的共同點、也是共有的交叉點，應該還是那句拉丁話：Do Ut des。即雙方都是為了一種交換，甚至是一種利益性交換的貿易。

建立在中國封建社會監獄中的獄神廟，漸成了交易所。而且在獄神廟內發生的許許多多悲劇或喜劇，血與淚，冤屈與無奈，辛酸淚和荒唐……那一幕一幕的繁瑣與悲哀，一幕一幕的陰暗與險惡，以及誣與被誣，不都是成了一種交換和貿易嗎？

神若不賜福，不救難，人就賴得去祭拜、供奉。磕頭是假，交換是真。如我前述的古代直臣范滂，他就不需要交換，他敢直陳：知滂無罪，將理之於帝，如其有罪，祭之何益！那是錚錚鐵骨的肺腑之言！

故事即將結束，諸位研究者者可再進一步搜集史料，亦可辯論我講的是否有些道理。讀者捧上這書若有興趣，那就得感激大家耐心地讀完此書。

我更期盼有更多的研究者、史學家、紅學家，來重視和研究我們長達幾千年的監獄文化，它究竟反映了什麼？這是我們研究的一個空白，應有更多的研究者涉足此領域。

我更希冀大家能有多種的視角，來努力審視中國所特有那份遺產：「獄—獄神—獄神廟。」

二〇〇〇年九月於聽雨齋
二〇一三年十一月增修畢

附錄一：

獄神廟文化談片

一

前些時日，在京滬逗留時，有些編輯、記者向我提及獄神廟文化現象，以及當它被提出後，究竟有何歷史價值。他們對我說，廣大讀者壓根就不知道中國有獄神廟的存在。我予以這樣解釋：「中國漫長的五千年歷史長河中，有許許多多存在的東西，被人們忽略了，那些存在著的千奇百怪的事物，有些已經過往而消逝，如某些人生的歷史悲劇，後人寄予無限同情，時會發出莞爾，遂成幽默。而有些歷史上存在的事物，持續時間特長，後人應該對這些存在的世事進行追尋，無論這類曾經的存在，早歸於晦暗、消失殆盡，我們依然有必要重新追問它的存在意義，中國的獄神廟，便是一例。」

近期發現的「楚國竹簡」上文字的新解釋，對「敦煌藝術的再追尋」，以及「老山漢墓的新發現」等等，無不是對歷史上一種文化現象的追尋。所有這些追尋，應該說都是一種對人類文化現象的尋根。任何尋求，其實在歷史中，事實已經為後人擺放著，因此，存在的價值和意義早為我們所得，只是我們沒有花時間與功夫去追蹤它而已，但是，我們的探尋者必須對歷史上存在的很平常而又模糊的事實，需要一種領悟精神，並把它們聯綴和整理出來。

二

有一句被經常引用的詩，「春江水暖鴨先知」。一部人類的歷史是人創造的。人，是感應歷史最靈敏的先知，人類的生活和行動，那些無數個春夏秋冬，那點點滴滴的辛酸苦甜構成了歷史發展的真實內容。當我們追尋中國獄神廟文化的歷史發展、演化的事實，都說明了歷史無情，而不是因果報應。因為世界畢竟不是裁判所，而是每個平常人生活的地方。洪洞縣歷史上發生的蘇三案件，她一個弱女子的辛酸的獄中生活，正是體現了人，現實的，活生生的人的活動的歷史。無數個在追求著自己目的，在獄神廟裡生活過的人的活動與思想，不能說是全部人類的歷史，但至少是歷史的一個側面。歷史，我們後人絕不要把它裝扮成一個概念的、抽象的甚至是美麗的「龐然大物」。

三

如果從漫長的二千多年中國獄神廟的存在、發展、演化中能窺測到一點歷史時代的種種面影，那怕是一種推測也好，能使你看到中國歷史上幾百個朝代發生的陰影，那些苦難人的掙扎的悲痛和呼聲，能看到一點時代的呼喚，以及人們對平安生活的祈禱，對那怕一絲光明的渴望以及些許戰鬥的風姿。那就使人想到馬克思的一句話，一句對中國歷史的評價：中國的歷史是一部「改朝換代的歷史。」但是，每一個朝代的改換，我們若留意一個細節處，即獄神廟都在縣一級管理的行政轄區內，都依然存在著。由此，也引證了人類歷史上哲學的存在價值：哲學上的物質與精神的任務，通俗點講，是使人有理性來改變自己的生存狀態，改變外部壓迫和戰勝內心衝動，以及作這些反抗時的脆弱、無奈。每個囚人在獄神廟內的反省，是否也存在這類哲學的功能與任務呢？康德的對自我的懷疑，黑格爾提倡的精神主觀的自由，斯賓諾沙宣導的理性力量，狄德羅的約束原點的統治，費爾巴哈提出的提高人的靈魂，超越現實的境界。中國歷史上許多官宦，貴族、文人學士……當他們被罰入獄而被關進獄神廟內，當他們在等待懲罰的凄苦的日子裡，其心理在哲理上的領悟，我們讀到許多哲學家在書中有所描繪。「為了看看陽光，我來到世上。」巴爾蒙特的這句話，是對的，但人類必經由黑暗而光明，由痛苦而幸福，二千多年中國的獄神廟內的反省，正是一種漫長的靈魂洗禮。

四

一種特有的獄神廟文化現象，也可看清人世間為什麼存在悲哀與醜惡的現象。欺騙性和牟利性是永遠同時存在的，當然，對於幼稚者來說，受靈魂的欺騙是很容易的事，對於別有用心的欺騙者，是專喜歡那些幼稚者的靈魂。因為，幼稚者因外表而迷惑，欺騙者以利用而牟利。誠然，在中國歷史上存在的獄神廟內，還有第三種人，他們或她們既不是幼稚者，也不是欺騙者，這第三種人，是交換者，即是權與「錢」的交換者，交換哲學與欺騙哲學之間，在現實社會裡相隔不是萬重山，而是一層薄紙。對這紙的穿透，是存乎其人，存乎其心而已。

五

中國的獄神廟，各地對這個特殊場所的名稱叫法各有不同。譬如有叫作「獄神祠」，有叫做「蕭王殿」，乃或稱謂「獄神堂」，個別也有叫「土地祠」的。如翻閱上海古籍出版社

《十大古典白話長篇小說叢書》之一的清代文康所著《兒女英雄傳》中便有幾次把獄神廟稱為「土地祠」的：

上回書交代的是安老爺因本管的河工兩次決口，那河道總督平日又合他不對，便借此參了一本，「革職拿問，帶罪賠修」，將安老爺下在山陽縣縣監。雖說是安頓在土地祠不至受苦，那廟裡通共兩間小房子，安老爺住了裡間，外間白日見客，晚間家人們打鋪……。（見《兒女英雄傳》第三回二十五頁）

……又聽得欽差問道；「有位被參的安太老爺，想來是在監裡呢？」門丁忙跪稟道：「不在縣監，在縣典史衙門的土地祠。」卻說那欽差到了典史衙門，望見那土地祠，便命住橋，落平下來。（見《兒女英雄傳》第十三回一三五、一三六頁）

中國疆域遼闊，各地對縣監中的獄神廟稱謂不同，但建在縣一級監獄中那獄神廟的存在本質卻是相同的。

六

二十世紀博得人們推崇的，極富挑戰和反叛性的法國思想家傅柯（Michel Foucault，一九二六～一九八四）在他所著《規訓與懲罰》（監獄的誕生）一書中說：「如果讓我來確定監獄體制最終形成的日期……我要選的日期是一八四〇年一月二十二日。這是梅特萊（Mettray）農場正式開始使用的日子。」在這裡我不想對傅柯先生的論述作詳細介紹，由於我所研究的中國獄神廟是從中國的監獄中產生的，傅柯先生從《規訓與懲罰》講監獄的誕生，他認為「監獄體制」最終形成於一八四〇年這個日期，也正是中國歷史上清朝發生的鴉片戰爭時期。中國的監獄體制最終形成，應該從秦代郡縣制開始，有了郡縣制的產生，中國監獄體制也最終形成了，那麼，中國這類體制的形成，可要比傅柯選擇的日期早形成二千多年。由此，中國監獄的規訓與懲罰，比西方顯得漫長而悠久，這也可窺到中國人為什麼善於馴服與吃苦耐勞的性格了。

七

拙著《獄・獄神・獄神廟》一文在新世紀第一期《隨筆》刊出後，收到許多讀者來信，對這個題材甚感興趣。特別要感謝的是年事已高，常為《隨筆》撰稿的嚴秀先生，還特地把刊登在《炎黃春秋》今年第一期上那獄神廟圖惠寄與我。

在近期閱讀中，意外地看到了劉心武先生在《紅樓三釵之謎》中說到了獄神廟，他是這樣描寫的：「狴犴門內，是一條獄街，街這邊是重犯獄，街那邊是輕犯與待決羈押犯的牢房，並有一排獄卒的宿舍，街盡頭則有一座小小的獄神廟。獄神廟的堂屋正中，供著獄神，說是漢代的蕭何。何以蕭何成了獄神？就連在這裡混了好幾年，把那西屋當作了自己歇息所的卒頭王短腿，也講不出個子午卯酉。反正獄裡有這麼個風俗，犯人鎖進了狴犴門，例准其到獄神廟裡燒香祝禱一番，求獄神保佑自己逢凶化吉；如蒙恩釋放，當然更要到獄神前獻供叩頭，就是杖流幾千里，乃至判了死罪，臨到帶出狴犴門以前，也大都要來獄神前虔求庇護超度。王短腿每日靠賣供香供品，也有不少收入……。」

劉心武對獄神廟的描寫，原出自於脂京本二十回及二十六回有關茜雪進獄神廟服侍賈寶玉的一些想像而推測描寫的，這和在中國大地上凡縣級以上行政單位在監獄中建立的獄神廟，在佈局上是有出入之處的，這裡暫且不去評介。但劉心武先生把監獄內須供奉獄神的現象作了描繪。這裡，劉心武先生提出了三點思考：　是為什麼狴犴門內，街頭盡處，總要設一座小小的獄神廟？二是犯人鎖進了狴犴門，為什麼例准犯人須到獄神廟內去燒香，祈求獄神保佑自已逢凶化吉，就連那些杖流千里，乃至判了死罪也要去祭拜獄神虔求庇護超度？三是，像王短腿每日靠賣供香供品，也有不少的收入？這確實向我們提出了中國為什麼要設立獄神廟的真髓所在。

八

如最近閱報看到一則：「貪官壽宴擺進監獄」的報導，講了貪官江銀寬入獄僅二十一天，其家屬就在獄中擺了二桌酒宴為他祝壽。年十月十六日中午，江銀寬親屬、朋友約二十人，分乘幾輛小轎車進入監獄內的邦教餐廳，與江銀寬共同進餐。席間，有人把自帶白酒拿出來喝，宴席持續約兩個小時，監獄邦教餐廳收費四百元。這種類似中國獄神廟作為優待室的例子，在報章雜誌記載，近年內時有發生。中國的獄神廟確實早已絕跡了，但獄神廟作為優待室的作用和它存在的現實卻繼續在行使。貪官江銀寬，本是地方上有權、有錢、有勢之人，許多人總為有錢有勢的人服務、辯護、粉飾，那是「以利換利」，當然，世人上不乏為真理而鬥爭者，《生死抉擇》電影中亦不乏其人。「聞名而奔走者，好利者也，直己而行道者，好義者也。」古代哲人說的話還有現實意義。兩者之決擇，本於良心，正義感，世界觀及對人生的態度。

九

邵燕祥先生在《新民晚報》刊發過一篇《徐邁進寫囚徒歌》的文章，文中撰述了一九三〇年在杭州陸軍軍人監獄，徐邁進在那監獄坐牢，寫了這首詞，並譜了曲。這首歌詞是：

憑他怎樣地壓迫，／熱血仍舊在沸騰！／鐵窗和鐐銬，／堅壁和重門，／鎖得住我們的身，／鎖不了我們的心！

這首《囚徒歌》共有三節，每節的前幾句相同。在這裡我不多錄其它的幾節了。這裡我想說明，在一九三〇年的中國監獄中許多人學會了這首歌，包括有名人士溫濟澤先生，這說明了一個問題，中國舊式監獄中的獄神廟在那個時候，在全國已不存在了，四川何蜀先生為此考證了獄神廟廢除的時間。他說：「一九二八年十一月國民政府內政部明令公佈了《神祠存廢標準》，一九三〇年又公佈了《取締經營迷信物品辦法》，這時獄吏們不敢再公開供奉獄神以向犯人勒索了，獄神廟的香火才冷落了下來。」

這些狀況，確切說明歷史上已在三〇年代末，全國各地監獄中的獄神及獄神廟是徹底被廢除了。

十

中國的獄神廟文化現象，應該說也與人類文化的誕生、發展，甚至與人類文化在一定時期內的異化、變態是分不開的，它僅是人類文化的一個分支，可以說是一個變態的，帶有戲劇化的分支。我們在考證中國歷史上秦代有了郡縣制，就有了中國的獄神廟的誕生，那是因為國家政權在人類社會中出現後，統治者利用獄神廟文化來加強統治控制。為了神化封建的統治，增加統治的權威，必然要舉行許多象徵性、表現性的活動，這裡有祭天、封禪等活動。那麼，在陰暗的監獄中，也必然產生了祭獄神的活動。當然，只有隨著社會由舊形式到新形式，隨著科學的昌明與政治的民主化，獄神廟文化逐步被淡化、廢除。

十一

在獄中要祭拜獄神，為什麼會維持二千多年那麼久呢？回答這個問題，使我想起最近讀了鍾國興先生（中央黨校時報社副總編輯）撰寫的一本書，這本書叫《重畫世界》，書中有一段話倒可以回答這個問題：他說：「……其一是社會可能對人的精神和肉體迫害造成的威脅，使人們為了自我保護不得不如此；其二是人類社會的某些文化本來就包含這種戲劇化的內容，使人們在某些場合有意無意地放棄了自我，進入到統治者所要求扮演的角色上。」

中國的獄神廟文化現象，是否也包含著一種戲劇化內容的文化呢？

十二

《中國大百科全書・中國文學》卷一上有載被近代文學史家公認的「沙灘文化」四名人之一的黎庶昌辭條。他少年失父，好學不倦，致力於經世致用而旁及於詩文。有一軼事記他對中國獄神廟中第一任獄神廟范滂的看法：

一日他讀《漢書》涉及范滂，詢問庶昌：「汝以為范滂何如」庶昌答道：「范滂，為人狷狂。恃才傲物，不容於世，禍所由來。身之不保，何以經世？……」

從這段對范滂的評介，可看出范滂雖有《漢書》記載和評論。但後人對范滂雖為人正直，能抗拒邪惡，可還是認為他「恃才傲物，不容於世」，所以禍從自取。這說明在漫長的中國封建社會裡傳統的做人，還是首推「中庸」，還是先要「自保」，然後「經世致用」。從這些記載觀之，范滂先生能榮任中國獄神廟中的第一任獄神還是難能可貴的，可以說，他是中國中古民主思想的開拓者。如他沒有性格中的「狷狂」，「恃才傲物」和「不容於世」，是做不了第一任獄神的。一種思想，在不同歷史條件下，可以起到完全不同的作用，這在范滂為什麼能成為中國獄神廟第一任獄神，由此可鑒。

十三

在我花多年搜尋有關中國獄神廟資料期間，聽有關專家學者告知，有紀勤先生記錄的一篇《為囚犯演戲的風俗》文，是一篇很有史料價值的獄神廟資料。當我託人找來讀後，確感新鮮，現擇要摘錄如下：

> 逢年過節，搭台演戲，是舊社會城鎮鄉村開展娛樂活動的普遍形式……在諸多戲俗中，唯獨遂昌（浙江省縣名）有一謂《春福戲》，專闢有囚犯專場，即每年春分時節，在縣衙內監獄旁之土地祠，為在押犯人演出日場戲，內容多為勸善懲惡，娛人教化之類。據說，這種習俗和明代戲劇家湯顯祖遺風有關。

這段記錄文字稿，沒有辨請調查重點，有美中不足之處。據說講述人王馨一先生是當地故老，從文字記錄看，如將戲臺台址說成「在縣衙內監獄旁之土地祠」從考證看，中國歷史上存在的縣衙內絕不會有土地祠，這正如中國皇宮內絕不會有祈年殿一樣。中國的縣衙內監獄旁是縣級官吏辦公或住宿的地方，那能寬容囚犯集體入內。所以，以我察之，那遂昌專關的囚犯專場只能在獄中監牢旁的獄神廟內觀戲。所以，那記錄實應記「在縣衙內監獄旁的獄神廟」才對。

雖然為我們提供的獄神廟口傳記錄語焉不詳，但畢竟為歷史提供了有關獄神廟的一些重要情況。

許久以來，可以說一個很長的時期內，我們許多民間有用的史料，不論有理無理，只要不合某些人的口味，都從人們的視野中淡出和消失了，如今我們有機會研究獄神廟史料，還應把它囊括在我們的視野之內。

十四

浙江遂昌於春分時節在獄神廟內演犯人專場戲，那個時節恰正值我國傳統的祭神日，所以，從這民間口傳的記錄，確並非偶然碰巧之事。譬如我們查閱《周禮・月令》中便有和獄神廟春分時節觀戲日的聯繫：

仲春之月……命有司省囹圄，去桎梏、無肆掠、止獄訟。是月也，玄鳥至（按：玄鳥即燕子），至之日，乙太牢祀於高某。

除《周禮・月令》和上述有聯繫外，我還在有意無意之中讀到唐・韓鄂的《歲華記麗》這部書中也有一條記載可資考證：

春分之日，燕乃至，東郊祭日，獻羔開冰，先寢廟也。

浙江遂昌知縣選擇舊有的獄神官祭日——春分，來為囚犯演祈獄神戲，自是情理中事。我推測觀戲者除囚犯外，還有不嫌囚犯穢氣的若干官吏獄卒及其家屬親友。當然，為了監獄安全，普通老百姓是肯定禁止入內的，故觀眾不會很多。至於演出劇碼，當以有涉獄神者為主的；如《玉堂春》之類，這些，也是可想而知的。

獄神廟內的為囚犯在春分日演戲，既是體現了一種人道的寬容，也是兼顧了統治者的一種教化作用。至今思索起來，還必定要選擇一個祭日的日子，更是玄不可妙了。那是因為世界上能夠有巨大誘惑力的，令人們信奉的首先是宗教。宗教針對人生苦短，以及人對生命永恆的渴望和幸福的追求，指出獲得未來永恆與幸福的途經，豈不令人們趨之若鶩嗎？可見那遂昌擇春分日叫囚犯在獄神廟內觀戲，其寓意是非常深刻的。

十五

為什麼這段獄神廟內觀戲習俗與明代戲劇家湯顯祖遺風有關呢？這倒有一段傳說佳話可錄之以下：

「明萬曆二十一至二十六年，湯顯祖任遂昌知縣……，每年元宵佳節，歲逢燈會，更是繁華熱鬧，在此情此境之中，令湯公陶醉……令他想起關押獄中的囚犯，節日裡更覺寂寞和淒涼。他毅然作出了一個大膽的決定，違反神聖的《大明律》，傳令獄犯到河橋觀燈，與普通老百姓同享燈會之樂，感受人間生活之溫暖，湯公還欣然命筆題詩一首：

繞縣笙歌一省圄，
寂無燈火照圜扃。
中宵撤斷星橋鎖，

貫索從教漏幾星。

詩可能還未寫完，也許未能留傳下來，但明代大戲劇家湯顯祖心中的那種人道主義感懷，卻贏得了廣大群眾的肯定和讚賞，以此演化出了民間傳為佳話的習俗，世代流傳，直至民國初年，猶盛行不衰。」

這傳說佳話應該說是可信的，一個能寫出《牡丹亭》的明代大戲劇家，一定是個富有同情心的人。他內心非常懂得「案上一點墨，民間十點血。」

十六

明萬曆二十六年（一五九八），湯顯祖辭官回鄉。據說，他對權貴的專橫殘暴，對官場的黑暗深為痛恨而辭官回鄉。就在這一年他卻完成了他的偉大之作《牡丹亭》。這樣一位偉大的戲劇大家在遂昌為官時，不畏觸犯《明律》，卻恩賜那裡的囚犯出獄觀賞元宵燈會，此舉深得民心。後繼任遂昌知縣者顧忌觸犯眾怒，一直不敢取消，但後任知縣在魄力膽量上不及湯顯祖，怕囚犯乘機一去不歸，就將元宵夜河橋觀燈，改為春分日白天在獄神廟內演戲，讓囚犯只能在白天觀看。

這是湯顯祖這位特殊人物在遂昌任知縣時對獄神廟內發生的事物的一種創舉，後此風俗在遂昌承襲下來，當然，它不具備對全國所有獄神廟內觀戲的普遍性。

十七

在浙江遂昌有獄神廟內春分日觀戲風俗，是湯顯祖為官一任的一個創舉。所說的「世代流傳，直至民國初年，猶盛行不衰」，這反映出山區僻縣甚為閉塞，西化之風不易吹入，即或吹入也軟弱無力，不成氣候，改變不了根深蒂固的信仰習慣。也許與遂昌的獄神廟內觀戲的情形相似的縣份，在全國不算很少。這也從另一個史料佐證了中國獄神廟的存在史。即交通便利、文化發達之處早廢除，山區僻縣則較遲。

考察某一現象或民風的出現與消失，也反映出了中國的獄神廟在全國各地區在不同時空中的存在和變化。所謂有過渡到無，無過渡到有，這便是哲學變易的原則吧。中國獄神廟的變遷概能莫外。

十八

《炎黃春秋》在新世紀（二〇〇〇年）第　期發表了一篇有研究中國獄神廟價值的文章，題曰：《內鄉縣衙：舊政權結構的縮影》。這篇文章中詳細敘述了縣衙和獄神廟狀況。

從河南省西南部中心城市、全國歷史文化名城南陽市西行六十公里，到內鄉縣城中心，就有一座我國目前惟一保存完整的縣級政權衙門，它以特定的歷史內涵、翔實可靠的文物史料，形象地揭示了封建社會縣級政權機構的真實面目。這裡的縣衙和裡面的獄神廟，被海內外譽為「神州大地絕無僅有的歷史標本」，它受到國家領導人，國內外專家學者、中外遊客及影視劇組的高度重視。

中國歷經了二千多年的封建社會，曾經有過一千多座縣衙（縣級行政單位，即可建中國獄神廟的政權機構）。隨著歷史的車輪向前輾動，一座座縣衙中的獄神廟灰飛煙滅，今天，我們還可驅車從河南南陽市行駛一個小時，就可以　睹那代表了封建社會王權與神權相結合的產物。

內鄉縣衙始建於元朝大德八年（一三〇四年），歷經元、明、清三個封建朝代。現遺有的建築群為清朝光緒年間欽加同知銜正五品知縣章炳燾主持營建。

這座可以說保存了七百多年的舊縣衙，可分四進，從縣衙大門進入是一條長長的甬道，西側分佈是監獄、獄神廟，東側分佈是寅賓館、衙神廟。二進即從儀門進入大堂、主簿衙、縣丞衙。三進是後院、縣公署、花園等。第一進的甬道西側是禁地，有一專用的門，俗稱「鬼門」，用於處決死囚時打開。這座保存了七百多年的內鄉縣衙還留下了不少文人墨客的佳聯：

欺人如欺天，毋自欺也；
負民即負國，何忍負之。
得一官不榮，失一官不辱，勿說一官無用，地方全靠一官；
吃百姓之飯，穿百姓之衣，莫道百姓可欺，自己也是百姓。

內鄉縣衙那第一進道中的獄神廟，至今為我們留下了中國封建社會縣級政權衙門的實物標本和歷史見證。

一旦存在的事物，並通過對中國歷史上許許多多類似內鄉縣衙的圖畫式的描述，而進入了它的存在，這般事實必然從根本上反映了一個時代的特徵。

十九

傅柯在《規則與懲罰》中說：「如果一種機構試圖通過施加於人們肉體的精確壓力來使他們變得馴服和有用，那麼這種機構的一般形式就體現了監獄制度」。

這裡說的「精確壓力」和「使他們變得馴服和有用」，其中心理因素起極大的作用。為什麼監獄中的獄神廟旋即便具有了不言而喻的實際性質。同時，為什麼中國的獄神廟文化顯得與社會的職能本身是如此緊密而深入地聯繫在一起。

這只能說，它似乎是歷史在運動中一種本身的產物。

二十

中國的獄神廟，它在二千多年封建社會的漫長過程中的所基於的它自身的角色，是被設想或被要求成為一種改造人的機構。囚犯進入牢獄，從獄規的第一個程式，是祭拜偶像的鐵面無私的獄神，這座獄神廟猶如一個兵營，一座陰暗的嚴明的工廠，它似乎一開始便增添了教養功能，包括了剝奪人的自由和對人的心理壓力的改造。

獄神是人所看不見的東西，它雖是一座泥塑的神像，但是它卻控制著每一個囚犯的人心。

二十一

建立在古代一千多個縣級行政單位監獄中的獄神廟，是整個封建社會司法機構中最隱晦的區域，在這種在監獄的神廟內，懲罰權力不再是公開顯示出自己的，而是默默地組建在一個被納入中國傳統的神權文化體系中，在這個領域中對罪犯的懲罰，規訓被看作幡然悔悟的一個開端，甚而被做為治療犯人心理而運作，延續。此法一用，司法體系很容易地把獄神廟接納進來，並給予承認。

這興許便是獄神廟代代能相傳，一傳便是二千多年的原因吧。

二十二

中國封建社會自秦代建立郡縣制以來，具有監獄與懲罰機制的牢獄監禁是按照一種相對穩定封建王朝體制的連續原則運作的，十八、十九世紀國外監獄內設立了改造所、教養所、規訓營、女教養修道院等機構，而中國的十八、十九世紀還沿襲在監獄中的獄神廟來完成規訓機制。國外的懲罰機制以糾正單純的離軌行為為基礎，而中國的獄神廟中的懲罰機制，主要是依託崇拜神的心理自我懲罰來完成的。

中國的獄神廟，通過千絲萬縷的與神明的聯繫把懲罰與心理懺悔這兩個複雜的綿延不絕的長長序列聯結起來了。

二十三

中國的南方，特別是江浙一帶的獄神廟大都於「清代咸豐年間毀於兵」，這是指毀於太平天國起義的戰爭時期。爾後，這批毀於太平天國戰爭時期監獄的獄神廟重建日期，查閱一些縣級地方縣誌都說得很含糊，如略一考證和梳理，大都重建獄神廟的日期，應為清代同治三年（一八六四年）後的時期，此為中國獄神廟木次重建日期的上限，至同治十二年（一八七三年），這段近十年的時間內，被毀於兵火的中國獄神廟大都已重新建成。這也許可作為中國監獄建築歷史的一門學科來考察。譬如法國學者巴爾貝・瑪律布瓦就曾經寫過一部很有名的著作叫《監獄建築歷史介紹》。近期有《新民週刊》介紹上海提橋監獄已對外開放其監獄建築歷史，這是中國首次讓人們一覩其歷史的真實。

二十四

法國歷史上，在那個「古典時期」，在監獄歷史上曾啟用過「非法者」的領域，這個領域至少是逃避權力直接控制著的領域，這個空間對於犯罪來說簡直便是避難所。在那裡，逃避無辜迫害，狡猾多詐，反抗權勢，無視法律的犯罪因各種緣由彙聚在一起，據史載它是一個冒險的領域。

據此，我們如很好地探索中國封建社會監獄中，自然也有獄神廟這個逃避權力直接控制的領域，但法國歷史上稱這個領域是冒險的領域，可在中國歷史上，監獄中的獄神廟是個安全的領域，它不是逃避權力的控制，而是權力在保護著這個領域。《紅樓夢》在脂硯本中描述過賈府主子犯罪而被抄家，家屬如王熙鳳、賈寶玉等人被關押進天牢的獄神廟中，這不就是被權力所安全保護了嗎？所以冒險領域和安全領域是有天壤之別的。這也許是研究比較文學領域的學者所未涉及的研究課題。

二十五

從現存資料，以及尚待挖掘的資料上考察，中國封建社會中的獄規條律是非常嚴峻和繁多的，不過獄規是一回事，實際做法又是一回事。中國封建社會從最高級別的監獄天牢到社會底層的各類大大小小的監獄，只要罪犯有本衙官員相助，或特權特批或出錢賄賂監獄吏卒，都能得到生活上的優等，都可拘禁在獄神廟內，即使重罪犯或待決的死囚，也同樣照住不誤。如這一事實從中國文化背景上作一鳥瞰，這中國的獄神廟文化的源流是否也反映出洪荒以來中國人在基本人性方面的活生生的面貌呢？

二十六

獄神廟文化悠久的連續性，確給予中國封建社會監獄在一種特殊的心理規訓機制上的合法認可，使中國的司法模式，以及為在獄神廟內特有的破案方式提供了一種可能性。譬如中國的古典戲劇文化中常用的怨德相報，善惡因果，以達到心理上懲罰的效果。中國的京劇、粵劇及其它諸多地方劇中也常常保留有這類傳統的文化。如著名戲劇《狸貓換太子》，其中便有在獄神廟內巧審犯人的情節，吏員設計將妓女扮成屈死的女鬼，對頑拒不招的罪犯郭槐進行心理上的規訓和恐嚇，終於獲取當事人的口供作為判決的證據。

在這由獄神廟內可以行使的事，也給實施合法懲罰的權力提供了一種文化背景，在這種背景下它似乎使中國的「刑不上大夫」的傳統有所突破，使審案人員解決了一種提取口供的障礙，使法律對有權勢的罪犯得到了應有的懲罰。

中國的許多戲劇，由此展開了故事的情節，使中國的老百姓在觀看此類戲劇上喜聞樂見並報以揚眉吐氣心理。

二十七

也許現代人對眾多中國戲劇中，那種在獄神廟這個特殊區域中能使一些特殊罪犯，在心理上突破的可能性提出問題，即他們所行使的權力已經「變味」（如中國戲劇文化中經常出現包青天審案的智慧和技巧），它似乎在某種層面上好似由中國封建社會法律所支配的，而在另一層面上它又是代表了某一個清官個人智慧巧取而運作的。

可你不容忘記，中國漫長的歷史長河中，這些在獄神廟內巧審而懲罰了罪犯的歷史故事，既是歷史中的真實，又使善良的老百姓獲得了一種「冥冥之中」的信仰。

二十八

中國特有的獄神廟文化現象，一個主要的討論課題，是獄神廟內放有一尊獄神，這就涉及到中國人的一種文化心理。著名學者賀麟先生在其《文化與人生》中，有一節「論英雄崇拜」，即展開了這類文化論述。他說：「就理論言，有許多學術藝術文化的工作，都必須以英雄崇拜為前提。史學方面的人物志和傳紀文學，沒有英雄題材，如何會寫得有聲有色？小說或戲劇大半有主人翁，沒有英雄性格的刻畫，如何能感人？藝術方面的人物畫，沒有英雄作對象，如何能有傑作？」賀麟先生還下了一個結論：「精神與精神的交契，人格與人格的感召，是英雄崇拜的真義所在。」

那麼，范滂作為中國獄神廟中的第一任獄神，受到獄犯作為一個神來崇拜，是否也具備其人格的感召和精神的交契呢？

回答應該說是肯定的，中國正統的歷史文獻《漢書》中記載的范滂人格形象，確有這種中國人文化心理的定勢潛藏在人們的靈魂裡。

這種在中國古老監獄中建立的獄神廟文化便是以崇拜獄神為基礎的。那崇拜的獄犯作為單個的人，無論自覺與否都使自己的肉體、姿勢、行為、態度甚或自己的靈魂都聽命於它。

二十九

目前，有一些研究資料表明，有關專家學者在研究人文科學的起源上，有專家提出：「人文科學源出於監獄」。提出這種新觀點來探討人文科學的源頭，還屬新鮮。

傅柯先生在研究這種提出的新觀點時，作了他的解說：「這種人文科學能夠形成，那是因為它們是通過一種特殊而新穎的權力管道而傳送的，即一種關於肉體的政策，一種使人的群體變得馴服而有用的方法。這種政策要求把確定的知識關係包容進權力關係，這種權力──知識造成了人文科學的歷史可能性，而『監獄網路』則是這種權力──知識的盔甲之一。」

對「人文科學源出於監獄」，這個值得探討的課題，我思考良久，特別在我為復旦大學出版社出版的《海上論叢》撰寫的《中國獄神廟考略》時便思考了這個問題（《海上論叢》（三）第二四三頁，復旦大學出版社二〇〇〇年四月）。我認為傅柯的解釋是有道理的。如從我們中國獄神廟文化現象去追索，它能綿延了二千多年之久，不也證明了此理論提出的一個方面的源頭和依據嗎？當然，做這項「人文科學源出於監獄」是和「數學源出僧侶們之間的數位遊戲」一樣，需要有眾多專家學者去尋根溯源。

三十

我們對獄神廟文化現象考察的結果，如果它的存在僅僅是一個為國家機器服務的工具的話，那麼，在明清朝代時期，它存在的性質是在改變著它的形式，它從單純的祭拜獄神形式，轉變成國家機器對獄犯中的優待形式。這從歷史上可以窺測到，中國獄神廟的存在形式並不意味著它一旦確立就永遠是不可改變的，也不是說它的確立，在我們的社會就永遠不可或缺的。從現代社會的逐步發展，人們從原有的禁錮的思維形式的解脫和社會生活的變革，已越來越表明，那帶有土氣的、原始崇拜的獄神廟被證明是在被淘汰，歷史的長河流淌到中國清末民初時期，中國大地上普遍存在的獄神廟終於被絕跡了。

如果再從中國清末民初這段歷史時期看，中國沿海地區及許多內陸城市，已和世界各國開放和接觸日趨頻繁，對外交流日益擴大，那麼中國的監獄文化必然受到外來文化的衝擊，於是，通過那古老的獄神來懲罰和規訓方式，它的作用和功能就變得那麼微弱了，新式監獄的特點必然要建立新的監獄文化時，這就必須把獄神廟的文化現象慢慢衰微和最終拋棄，——這就是我們今天來考察獄神廟文化，僅只有從它原先存在的標本和歷史化石中來考察它在中國歷史上的記錄了。

三十一

一個長期被監禁的學者和作家，在他留下的惟一的一本隨筆集中曾說過這樣的一段話：「只有痛感到罪惡對於人的不幸和無能為力，才能超越罪惡和批判罪惡。只有罪犯懺悔，才是帶著沉重價值的懺悔。在上帝面前，萬惡罪人的懺悔遠比善男信女的懺悔容易得到寬恕。他們以自己的痛苦，證明了上帝的真理。」

在中國古老的獄神廟內，獄神大概應該是二千多年中監獄罪犯的「上帝」。中國有名京劇《玉堂春》中的蘇三，便是把獄神當作心中的上帝來對待，當然她在獄神廟內的懺悔確比去佛廟拜菩薩的善男信女要真誠得多。中國古老監獄那高牆內的這一塊神秘的空間，它是歷史上監獄的產物。這個產物緊密和中國傳統文化聯繫在一起，它象徵著這個民族的文化意識，它也是二千多年來中國人在物質生活水準上產生的一種精神狀態。它並不是孤立的，更不是一些人獨創的，它的存在是和一系列監獄機制相聯繫的——高牆、空間、機構、規章、話語等等。如果我們讀一讀清代趙舒翹寫的《提牢備考》這部書。就可知道獄神廟表面上與監獄迥然有異，其實它和監獄一樣，都在行使著一種致力於規範化的權力。

三十二

中國獄神廟文化現象，作為致力於監獄規範化的權力機制，這種文化心態，起先往往用於為罪犯懺悔而起到減輕痛苦，治療心理創傷和給予麻醉精神的慰藉作用的。但隨著中國歷史上一個一個王朝的不斷更迭，它的存在隨歷史的發展而變化。這種處於監獄內的神廟，始終夾雜著傳統的封建的文化意識，以及被監獄規訓機制統一起來的人性，始終是封建社會複雜的權力關係的一種工具，是受制於中國漫長封建社會監獄機制的肉體和精神的統一體，在獄神廟內，我們似乎聽到隱約傳來的一個個封建王朝統治下，血淚斑斑，陰謀交換，錢權交易的話語的對象。

以一部中國傳統的文化史角度審視，從世界以及中國監獄的誕生、發展的進化史來看，中國這片大地上從古代至近代在監獄中建立獄神廟，以及由此產生的這種獨特的文化現象，應該說是其它國家未有的而中國所獨有的，因為，世界上只有中國存在過獄神廟。從這個意義上我們說它是土生土長的，而且隨著時代的變遷，獄神和獄神廟在時代的轉捩點隨之消失殆盡。

在我對獄神廟文化現象作了些理性的探討後，在結束這一對獄神廟文化談片時，我們所說的獄神廟應該成為一種已經逝去的歷史現象。對在中國大地上遍佈的獄神廟文化所能夠形成的各種研究進行探討，應該在一個大背景下展開。這個大背景便是說一切的研究對象，都必須在持續時間最長的中國封建社會這樣一種歷史背景下進行。因為中國獄神廟文化只有在其獨特的相對孤立的歷史演進過程中，才可得到最佳的審視和研究，只有很好地審視源遠流長的中國封建社會的歷史背景，才能領悟其發生、發展的全過程，並對中國現在還時有發生的類似獄神廟現象，有必要進一步的探討它，理解它，以及徹底拋棄它——這個醜惡的歷史怪物。

附錄二：

關於《讀書》討論「獄神廟」

獄神廟聞錄（原載於《讀書》一九九八年第七期）

張建智

陳垣《明季滇黔佛教考》中說到：「危絕之崖有寺，行必以僧為伴。」又說：「無人到處惟僧到，無人識路惟僧識」，點說了中國廟宇之多。但近年來，在人們參拜佛廟和崇敬高僧時，很少或幾乎再沒有人能知曉曾在歷史上遍佈各地的「獄神廟」了。

這被人遺忘，亦區區毫無名氣的獄神廟，那些研究《紅樓夢》小說的紅學家們，倒曾圍繞它爆引了一場激烈的爭論，國內外紅學家都未能接受雙方的不同看法，其認真的程度和歷時之久，可堪稱獄神廟史上的重大事件。也許，今日之紅學界大概已經忽略了這種爭議。現將《石頭記》抄本中有關獄神廟的脂批摘錄如下：

茜雪至《獄神廟》方呈正文。襲人正文標目曰《花襲人有始有終》，余只見有一次謄清時，與《獄神廟慰寶玉》等正、六稿被借閱者迷失。

——脂京本第二十回

《獄神廟》回有西雪，紅玉一大回文字，惜迷佚無稿。

——脂京木第二十六回

此係未見抄沒，獄神廟諸事，故有是批。

——脂京本第二十七回

此係本心本意，《獄神廟》回內方見。

——脂殘本第二十七回

上錄第一條批語中，確是獄獄兩字互見，其餘的幾條都為獄字，可見「嶽」係錯寫。至於賈寶玉入獄是否有理由，獄神廟裡關的犯人是否人多數是死囚，這有待於別的資料考證。一九二二年，紅學家俞平伯著《後三十回的紅樓夢》（載《小說月報》第十三卷第八期），首先也研究了有關獄神廟的脂批，勾繪出賈寶玉坐牢的情節。至一九七〇年，美國趙岡教授在《紅樓夢新探》一書中，將獄神廟當作有廟會活動的普通廟宇，還認為寶玉沒有理由入獄。本文對此不贅。但「獄神廟」確有其實，那是無疑的了。與監獄形神不離的獄神廟，在縣一級以下行政單位的鄉里自然是沒有的。因我國傳統制度，縣級以上的施政單位才設有監獄，鄉只有拘押室，漢代稱之為「犴」。

我國什麼時候始有獄神廟呢？應追溯到東漢。東漢延嘉九年（西元一六六年）距今已有一千八百多年了。《後漢書・范滂》有這麼一段話：「（范）滂坐繫黃門北寺獄，獄吏謂曰：『凡坐繫皆祭皋陶。』滂曰：『皋陶賢者，古之直臣，知滂無罪，將理之於帝，如其有罪，祭之何益！』」范滂是因反對宦官專政而被捕入獄的。范滂沒有聽從獄吏去祭皋陶。史查皋陶葬地在今安徽省境內，並不在東漢首都洛陽，故囚犯祭的顯然是北寺獄中之皋陶神祠廟，即當時的獄神廟。

東漢有獄神廟，西漢是否已有？答案應該是有的；且秦代亦可能有。這取決於在那個朝代是否已經有了監獄的存在，有了獄，便有了獄神廟的建立。司馬遷《史記》有秦子嬰囚趙高於咸陽獄的記述，亦可說明了具備建獄神廟的前提。周代之前，雖有將犯人關在牢裡，但那時候不叫獄，而稱「囹圄」。漢蔡邕《獨斷》說到：「唐，虞曰士官，夏曰均台，周曰囹圄，漢曰獄。」蔡邕未提到秦，可能秦朝太短之故。可見，獄神廟始於漢初，迄於清末，在我國存在了二千多年之久。民間文學家鍾偉今先生，專門考證了安吉縣孝豐地方的獄神廟。獄神廟由於清末停科舉，興學校，許多廟宇、祠堂改作學校校舍。爾後，清皇朝還頒佈了《現行刑律》，舊式監獄也改為新式監獄，獄神廟可能就在那時期被廢除的。

獄神廟，是建在封建社會監獄中的神廟，人們可以隨意去任何廟宇拜佛燒香，唯獨獄神廟，絕大部分人終生不得一見。作者認為，最早的獄神廟派的用處是犯人用於祭神。如前面說到范滂入獄，獄吏謂曰：「凡坐繫皆祭皋陶」——即作為祭神之地。後來就逐漸改變了這種性質。而是犯人亦可住進獄神廟內中去，如此性質的改變與演化，便可使獄神廟內有了牢房。用現在的話來說：開了小灶！由於獄神廟內的犯人畢竟是少數，而少數犯人可住，肯定是廟內的生活條件比「大灶」的監內好。

獄神廟，很少有人進出。也許有二種人可以住進。一是輕罪犯人能得到此優待，二是重罪犯人花錢交換這種優待。以此，可延伸到那些賄賂數額特別大的犯人也許能得到特別優待

——獄神廟內有不同於監獄的特優室，而特優室正是封建時代「牢頭」們營私斂財的產物。

例如《龍圖耳錄》中有一則故事，說的是原告馬強與被告倪太守，在京中大理寺打官司，案件一時無法判決，但文大人對待兩人的態度截然不同：

> 吩咐將馬強帶去收禁。
>
> 就叫人將太守帶到獄神廟好好看待。
>
> ——《龍圖耳錄》七十七回

這大概便是「刑不上大夫」吧！馬強被關進牢裡，倪太守住進「特優」的獄神廟內，並囑「好好」看待。則獄神廟內從房間，吃住，探望均有「從優」，否則談不上「好好」兩字的。

在另一部用吳語寫成的彈詞小說《果報錄》（又名《倭袍》），在清代嘉慶、道光之際在社會上流傳。講犯人王文住進幽靜牢房（即設在獄神廟內的犯人優待室）後，不再戴刑具，過著軟禁式的自由生活，後來甚至可以允許劉氏隨帶四個婢女，竟與王文共室而居。

從一些資料看，獄神廟在其他國家未見記載，也許，世界上只有中國存在過獄神廟。筆者認為，自漢迄清，它存在了二千年之久，是值得研究的課題，提出上述有關獄神廟聞錄，以和近期研究《紅樓夢》學者商榷。據近期報載，有些監獄管理不嚴，有錢權交易，某些腐敗分子利用此謀取賄賂，這也許是迄今已絕跡的一如「獄神廟」式的封建產物的翻版，不能不引起人對這類現象的警惕。

有關獄神祠的另一史實（載《讀書》一九九八年十一期）

何蜀

近讀《讀書》雜誌今年第七期上張建智先生《獄神廟聞錄》，頗有收益。獄神廟自然絕不是什麼可供百姓趕廟會的神廟（舊時縣誌中《廟宇表》就不會列入獄神廟），它只是舊式監獄中的特殊附屬建築。重慶歷史上就有一件與獄神廟有關的事件，特錄此以為參考。

一九二八年十月一日，因前共青團四川省委書記彭興道和代理團省委書記廖時勉等人的叛變，設在重慶的中共四川省委、共青團四川省委和共青團江巴縣委等地下機關同時遭到大破壞，中共四川省委代理書記張秀熟（當時名張秀蜀，後改蜀為熟）等三十多位黨、團幹部被捕。在江巴衛戍司令王陵基審問張秀熟等人時，張秀熟慷慨陳詞，進行了有力的自我辯護和革命宣傳。王陵基理屈詞窮，狼狽不堪，被當時報紙報導為「張秀熟舌戰王靈官」——王靈官本是道教神名，為明代北京天將廟三十六位天將之首，模樣被塑造得兇神惡煞，百姓便把這惡神的名字當作了軍閥三陵基的外號。這個新聞不勝而走，影響很大，一時間被百姓傳為笑談。因為「首犯」張秀熟是四川文化教育界知名人士，被捕者又大多是二十歲以下的青年和在校學生，因而這一案件引起社會各界的關注，輿論紛紛要求寬大釋放「案犯」，敦促當局進行公開審理。

在各界輿論壓力下，已經通過軍法審判殺害了不少共產黨人的軍閥劉湘，被迫將此案移交四川高等法院重慶分院審理。次年五月，法院進行了公開審判。這是四川第一次，也是唯一的一次公開審判共產黨案。身為國民黨員的大律師熊福田以法律為重，自願免費為共產黨案犯辯護。經過激烈的法庭個爭，最後劉湘提出的「對為首的一二名決不寬恕」（即處以死刑）的要求落了空。法院對「首犯」張秀熟只判了有期徒刑十年，以下刑期遞減。

因為有了「張秀熟舌戰王靈官」的事情發生，所以劉湘知道張秀熟「煽動力」強，不好對付，怕他在獄中給犯人們帶來「不良影響」，特別囑咐要將他單獨關押。但是巴縣大監中並無單人牢房，若將他單獨關一間又太不划算。最後，張秀熟就被關進了獄神祠，也就是獄神廟。

獄神祠，或獄神廟，重慶人又叫作獄神堂，在舊時巴縣大監中位於重慶下半城巴縣衙門西側，背靠大樑子山脊下的岩壁。大監中的獄神祠設於監院背後岩壁下一個單獨的廟宇式小屋內，屋前有三步臺階，屋內正中為獄神牌位，東西各一間廂房。據說舊時犯人進監獄後，照例要先拜獄神，以求得保佑，好早日出獄消災。同時獄吏也借收香火錢之機向犯人敲詐勒索——張建智先生判斷神廟在清末被廢，筆者認為還應遲一些，否則很難到了三十年代初還保存著這樣的特殊建築。似應是在二十年代以後，拜獄神之類陋習才不再時興，再加上國民政府內政部在一九二八年十一月明令公佈了《神祠存廢標準》，一九三〇年又公佈了《取締經營迷信物品辦法》，獄吏們不敢再公開供奉獄神以向犯人勒索了，獄神祠的香火才冷落下來。

於是，獄神祠的東廂房就被打掃出來，當作了張秀熟的單人牢房。這位被反動軍閥視為洪水猛獸的中共省委書記，「煽動暴動」的「首犯」，就這樣住了幾年獄神祠，當了幾年由獄吏專廠供奉的「獄神」。

從獄神廟想到隔離室（載《讀書》一九九八年第十一期）

耿法

《讀書》一九九八年第七期，張建智先生的《獄神廟閒錄》，以翔實的史料披露了中國特有的獄神廟的來龍去脈。由獄神廟不禁聯想起中國另一種特有的現象——隔離審查室。如果說獄神廟是監獄中的特殊監獄，那麼隔離審查室則是監獄外的特殊監獄。

早在蘇區根據地「左」傾路線統治時期，整肅所謂「AB團」和右傾路線分子時，動輒宣佈隔離審查，一大批優秀幹部未經審訊就已身陷囹圄，失去了人身自由，甚至連大小便也有武裝人員押送監視。說是隔離審查，卻完全是犯人待遇，不知有多少革命者慘遭迫害，犧牲於隔離審查中。延安整風後期即市幹肅反時期，又有一大批幹部被隔離審查。王實味即是一個典型事例，他始終未正式審判過，卻一直失去自由。胡宗南進犯延安，中央機關撤退時，王實味被有關保衛部門下令處死。而後，歷次運動中又搞過隔離審查這種名堂，如反「胡風集團」時，眾多受牽連的所謂「胡風分子」被隔離審查。「文革」中隔離審查這種手段發展到登峰造極的地步，各地各單位大大小小造反組織都對各級幹部、知識份子大搞隔離審查。工宣隊、軍宣隊進駐上層建築領域後，有的比造反組織更肆無忌憚，大規模「清理階級隊伍」，隔離審查搞得更兇狠。這時的隔離審查室和「文革」初期的「牛棚」又不完全一樣，「牛棚」是用於集體關押、勞改，批鬥對象有的節假日尚可回家團聚；而隔離審查是單獨關押，審查對象完全失去人身自由，不但不能回家，連家屬「探監」都不允許。隔離時間有長有短，少則幾星期，多則幾個月甚至幾年！有的地方，為防止審查對象夜裡跳樓自殺，工宣隊、軍宣隊還別出心裁，不僅把窗戶釘死，還製作了粗鐵條焊成的「牢籠」，夜裡罩在審查對象床上用鎖鎖好，每天早晨由看管人員將鎖打開，審查對象才能起床洗漱。恐怕這種「牢籠」在正規監獄中都見不到。

獄神廟資料補遺（載《讀書》一九九八年第十二期）

陳椿年

張建智先生在《獄神廟聞錄》一文以《讀書》一九九八年第七期中，推斷獄神廟的實際作用乃是中國古代監獄中的優待室，這是信而有據的。除了他所引用的資料外，補充一條如下：

清康熙四十七年（一七〇八年），轟動清初朝野近六十年的「朱三太子」一案告破。明崇禎皇帝第四子、曾封「永王」的朱慈煥，這年四月間在山東汶上縣退休縣令李朋來家中被捕，押往浙江杭州，由欽差大臣、戶部侍郎穆丹，以及八旗杭州將軍、浙閩總督、蘇州巡撫、浙江巡撫，共五位大員聯席會審。第一堂審問為驗明正身，和擁戴「朱三太子」抗清的起義農民首領對質，並查詢交遊相與之人。審畢，主審官穆丹吩咐浙江臬司說：「朱某、李某，俱不是強盜。可將獄神廟收拾潔淨，茶飯也要留心照管，委官看守。」據李朋來事後追記：「是晚即宿獄神廟。時有委官二人，一靳一陳，又有千夫長魯姓者，豪爽人也，見吾二老人而深敬之。朝夕談笑，或對枰揪，或觀雜劇，聚飲歡歌，忘乎其身在囹圄中也。」以上史料，均見中華書局版《明清史料論著集》中，《明烈皇殉國後記》一文，孟森教授著。

由此可見，至遲在清初，獄神廟已是官方正式啟用的監獄優待室。清承明制，可以想見明代獄神廟的作用也差不多。如果說，獄神廟有時也被獄吏們用作營私斂財的工具，那也是由於官方正式確定了它作為優待室的「身價」，所以才使獄吏們有此貿利之門。順便說幾句：監獄中有優待室，古今中外都不乏此類例證。帝俄時代，像克魯泡特金公爵這一類政治犯，所受待遇和農奴罪犯們完全不可同日而語。到了史達林時代，「古拉格群島」中的等級制度和差別待遇，更是花色繁多。解放以後，六十年代初的上海提籃橋監獄中，面積相等的囚室裡，外籍犯人一人一室，托派分子搞翻譯的也是 人一室，陳璧君更是一人二室，還派人去服侍她。而普通犯人便是三人一室，伙食待遇和接見條件也不同。因此我以為，類似獄神廟這一類監獄優待室，並不是權錢交易的產物，倒是監獄本質的必然體現：「寬嚴相濟、區別對待」嘛！

附錄三：

沈家本《獄考》

急就章：『皋陶造獄法律存。』顏師古注：『獄之言埆也，取其堅牢也。字從二犬，所以守備也。』廣韻三燭：『獄，皋陶所造。』按：據二書所言，獄為皋陶所造，故首錄之。

竹書紀年：『夏帝芬三十六年，作圜土。』按：周圜土之制因於夏。詩行露：『何以速我獄？』傳：『獄，埆也。釋文獄音玉，埆音角。又戶角反。盧植云相質觳爭訟者也。崔云埆者，埆正之義。一云獄名。』疏：『鄭異義駁云：「獄者，埆也。囚證於埆核之處，周禮之圜土。」然則獄者，核實道理之名。「皋陶造獄」謂此也。既囚證未定，獄事未決，繫之於圜土，因謂圜土亦為獄。』說文：『獄，確也。從從言，二犬所以守也。』段注：『召南傳：獄，埆也。埆同確，堅剛相持之意。許云「所以守者」謂牢拘罪之處也。』釋名釋宮室：『獄，確也，實確人之情偽也。又謂之牢，言所在堅牢。又謂之圜土，土築，表牆形，形圜也。又謂之囹圄，囹，領也，圄，禦也，領錄囚徒禁禦之也。』

按：獄有二義。國語周語『夫君臣無獄』注：『左傳襄十年傳：坐獄於王庭。』注並云『獄，訟也』。周禮大司寇注：『獄謂相告以罪名者。』左傳僖二十八年注：『獄訟皆爭罪之事也。』淮南氾論『有獄訟者』注：『獄亦訟。』詩行露疏：『此章言獄，下章言訟，司寇職云「兩造禁民訟，兩劑禁民獄」，對文則獄、訟異也。故彼注云：「訟謂以財貨相告者，獄謂相告以罪名。」是其對例也。散則通也，此詩亦無財、罪之異，重章變其文耳。』以上諸說，謂獄即訟也。易噬嗑『利用獄』，象傳『君子以明庶政，無敢折獄』，『君子以明慎用刑而不留獄。君子以議獄緩死』，並是此義也。荀子『獄行不治』，韓詩曰『朝廷曰獄』，獨斷『漢曰獄』，說文之義亦以為拘罪之處，鄭駁異義謂即周之圜土，釋名又謂之牢。以上諸說，以獄為罪人之牢，此一義也。行露毛傳似主前義，故但曰埆也。鄭箋不為獄訓，似亦不異於毛。崔靈恩曰『一云獄名』，乃用後義。孔疏又引鄭異義駁以證之，又似歸重後一義矣。實則二義本相引伸。有爭端而後相告以罪名，於是有埆核之事，有拘罪之處，其事本相因也。獄從從言。，兩犬相齧也，語斤切。相齧必先相爭，人之相爭亦類是，故從。相爭必以言，以言相爭而後有獄。此會意字。許云『二犬所以守』，似非從矣，與部首相屬之義不符。為許學者謂此乃別一例也。

詩小宛：『宜岸宜獄。』傳：『岸，訟也。』箋云：『仍有獄訟之事。』釋文：『岸如字。韋昭注漢書同。韓詩作犴，音同，云鄉亭之繫曰犴，朝廷曰獄。』陳喬樅韓詩遺說考：『犴，毛詩作岸。此古文。以岸為犴之叚借。說文豻或從犬，作犴，引詩宜犴宜獄，據韓詩文也。』胡承珙曰：『犴、獄字皆從犬，取犬所以守意。毛傳訓岸為訟者，訟為訟繫，獄則讞成，故韓詩以鄉亭、朝廷分屬之。』又魯詩遺說考：『周官射人注，豻讀如「宜豻宜獄」之「豻」。案韓詩作犴，豻、犴字同。荀子宥坐篇注引詩宜犴宜獄。漢書刑法志豻獄不平云云。注引服虔曰，鄉亭之獄曰豻。班書皆據齊詩，服說多從魯訓。然則齊、韓與魯文同矣。』禦覽六百四十三：『風俗通曰：詩云宜犴宜獄，犴，司空也。周禮凡萬民有罪過已離於法者，桎梏以上坐諸嘉石，〔役〕諸司空，令平易道路也。』

按：小宛傳、箋與行露同三家詩說，並與毛、鄭異，蓋各主一義也。

蔡邕獨斷：『四代獄之別名：唐、虞曰士官，史記曰皋陶為理，尚書曰皋陶作士。夏曰均臺，周曰囹圄，漢曰獄。』

按：皋陶造獄，而虞之獄名惟見此書，他無可證。詩有『宜獄』之言，其名亦未必始於漢。此言四代之獄，獨無殷，未詳其故。

荀子宥坐篇：『獄犴不治，不可刑也。』楊倞注：『獄犴不治，謂法令不當也。犴亦獄也。詩曰「宜犴宜獄」，獄字從二犬，象所以守者。犴，胡地野犬，亦善守，故獄謂之犴也。』

按：楊倞之注，當亦本於說文，荀子獄犴之文，恐亦原於詩句，可知三家詩說，其淵源甚遠，不始於漢儒也。伯喈『漢曰獄』之語，未足徵信。

御覽六百四十三：『風俗通曰：易噬嗑為獄，獄十月之卦。從犬言聲，二犬亦所以守也。廷者陽也，陽尚生長；獄者陰也，陰主刑殺。故獄皆在廷北，順其位。』

按：獄從，非從犬，言亦非聲，此云從犬言聲，恐有譌奪。意林引作『獄字，二犬守言，無情狀亦得之』，與御覽所引不同，恐是應氏原文。

又風俗通曰：『周禮三王始有獄。夏曰夏臺，言不害人，若遊觀之臺，桀拘湯是也。殷曰羑里，言不害人，若於閭里，紂拘文王是也。周曰囹圄，囹令，圄舉也，言令人幽閉思愆，改惡為善，因原之也。今縣官錄囚皆舉也。』

按：史游云皋陶造獄，而此云三王始有獄，說相乖異。蔡邕亦言唐、虞有獄，恐應氏之言未足憑也。史記桀囚湯夏臺，紂囚文王羑里，並與此同。鄭志以囹圄為秦獄名，則與此異。此蓋師說之傳授不同，漢儒往往有此。惟所言三代命名之意，設獄原非以害人，其『幽閉思愆』、『改善為惡』二語，以感化為宗旨，尤與近世新學說相合。可以見名理自在天壤，今人之所矜為創獲者，古人早已言之。特無人推闡其說，遂至湮沒不彰，安得有心人搜尋追討，以與新學說家研究之乎？

初學記獄第十一：『博物志云，夏曰念室，殷曰動止，周曰稽留，三代之異名也。又狴牢者，亦獄別名。』

按：此云三代之異名，則非本名矣。晉刑法志『念室後刑』，實用此事。餘他無所考。

史記夏本紀：『夏桀不務德而武，傷百姓，百姓弗堪，迺召湯而囚之夏臺。』索隱：『獄名，夏曰均臺。皇甫謐云地在陽翟是也。』

按：夏臺獄名，與應劭之說合。左傳昭四年：『夏啟有鈞臺之享。』注：『河南陽翟縣南有鈞臺陂，蓋啟享諸侯於此。』竹書紀年亦云夏啟元年大饗諸侯於鈞臺。均、鈞文通，地又同在陽翟。既為宴享之所，不應與獄同名，索隱蓋用獨斷之說，恐有誤。竹書亦言桀囚商侯履於夏臺。北堂書鈔四十五引白虎通亦曰夏曰夏臺，是夏臺之名，史傳確可證，而均臺他無文也。

殷本紀：『紂囚西伯羑里。』集解：『地理志曰河內湯陰有羑里城，西伯所拘處。』正義：『牖，一作羑，音酉。羑城在相州湯陰縣北九里，紂囚西伯城也。』

禮記月令：『仲春三月，命有司省囹圄。』注：『省，減也。囹圄，所以禁守繫者，若今別獄矣。』釋文：『囹圄，今之獄。』疏：『蔡云囹牢也，圄止也，所以止出入，皆罪人所舍也。崇精問曰：「獄，周曰圜土，殷曰羑里，夏曰均臺，囹圄何代之獄？」焦氏答曰：「月令秦書，則秦獄名也。漢曰若盧，魏曰司空是也。」』

說文：『囹，獄也，從囗令聲。』鍇曰：『囹，欞也，櫳檻之名，郎丁切。』段注：『獄上當有囹圉二字。幸部曰囹圉所以拘罪人。蓋許作囹圉，與他書囹圄不同也。』王筠曰：『此不言囹圉者，蓋囹之一字即為名也。月令「省囹圄」，蔡氏章句「囹牢也，圄止也」，漢書禮樂志「囹圄空虛」，顏注「囹獄也，圄守也」，皆不連解囹圄。圄，守之也，從囗吾聲。』韻會：『案說文，圄，守也，圉，囹圉也，禦祀也。今文圄為囹圄字，圉為牧圉字，禦為守禦字，經傳中相承久矣。』王筠曰：『左傳圄伯嬴於轑陽而殺之，即俗語所謂看守也。』『圉，囹圉，所以拘辠人。』段注：『他書作囹圄者，同音相叚。圄者，守之也，其義別。說文宋本作囹圄者非是。蔡邕云囹牢也，圄止也，所以止出入，皆罪人所舍也。按蔡說囹圄皆罪人所舍，云皆則不必一地。是以口部曰囹，獄也。不連圉也。』桂馥曰：『釋言「圉禁也」，郭云禁制。秦詛楚文「拘圉其叔父」，經典通作「圄」。圄、圉聲相近。禹貢「朱圉」，漢書作「朱圄」，顏注「圄與圉同」。公羊傳「衛孔圄」，左傳作

「圉」。』王筠曰：『囹圄，小徐本作囹圉，許謂圉一名囹圉也。聖主得賢臣頌「昔者周公躬吐捉之勞，故有圉空之隆」，此言圉者也。月令「省囹圄」，此言囹圄者也。然亦有言囹圉者，東方朔傳「囹圉空虛」是也。案圉之言禦也，莊子「其來不圉」，言禦諸外也。囹圄則禦諸內也。』

北堂書鈔四十五：『白虎通云：周禮三王始有獄，夏曰夏臺，桀拘湯，殷曰羑里，周曰囹圄。』

公羊傳昭二十一年：『宋華亥、向寧、華定自陳入於宋南里以畔。宋南里者何？若曰因諸者然。』注：『因諸者，齊放從鄂木，他本『放』作『故』。刑人之地。公羊子齊人，故以齊喻也。』疏：『舊說云，即博物志云周曰囹圄，齊曰因諸是也。』

玉篇：『囹圄，獄也。』廣韻八語：『囹圄，周獄名。』華嚴經音義下：『囹圄，謂周之獄名也。』

按：月令疏所引崇精問，乃鄭志之文。其以囹圄為秦獄名者，以月令乃呂不韋所作也。不韋纂此書，召集當世儒生，三代之制並歸甄錄，不皆秦制。以囹圄為秦獄名，他無據也。諸書並以為周獄名，當是漢時舊說，不得以圜土為疑。因諸齊獄，他無可考。

周禮秋官司圜注：『鄭司農云：圜謂圜土也，圜土謂獄城也，今獄城圜。司圜職中言凡圜土之刑人也，以此知圜謂圜土也。』疏：『獄城圜者，東方主規，規主仁恩，凡斷獄以仁恩求之，故圜也。』

初學記獄第十一：『春秋元命包曰：「為獄圓者，象斗運合。」宋均注曰：「作獄圓者，象斗運也。」』

按：圜土之制，周仿於夏。周禮云以圜土收教罷民，是專為罷民而設。囹圄則為通常之獄，當分別言之。鄭志以周有圜土，遂疑囹圄非周獄名，亦拘墟之見也。圜之義，疏語盡之。象斗運合，姑存古說可也。

晏子內篇：『景公藉重而獄多，拘者滿圄，怨者滿朝。』尉繚子：『今夫決獄，小圄不下十數，中圄不下百數，大圄不下千數。』

按：此二事並單言圄者。段氏謂不必一地，其說是。

說文非部：『，牢也，廣韻兩引同。韻會引作『牢謂之獄』，段注從之。所以拘非也。段注：『說從非之意。』陛省聲。邊兮切。』玉篇：『，方奚切。牢也，所以拘罪人也。』一切經音義十三：『，牢，方奚反。』

按：御覽六百四十三引說文『獄謂之牢』，當即『牢謂之獄』，傳寫譌奪耳。據韻會所引說文及玄應書，牢二字連文為名。易林『失志懷憂，如幽狴牢』，杜甫有事於南郊賦『叢棘圻而狴牢傾』，亦二字連文。狴，廣韻同。法言『狴犴使人有禮』，又以狴犴連言矣。家語始誅篇：『孔子為魯大司寇，有父子訟者，夫子同狴執之。』王肅注：『狴，獄牢也。』一切經音義引家語，『狴』作『』。唐人沈佺期詩『雪枉間深狴』，又觀赦詩『聖人觀天下，幽籥動圜狴』，劉禹錫白太守詩『朱戶非不崇，我心如重狴』，此並單言狴者。易林『開牢闢門，巡狩釋冤』，後漢書黨錮傳『論幽深牢』，此單言牢者。又詳下。

史記天官書：『在斗魁中，貴人之牢。』集解：『孟康曰：「傳曰天理四星在鬥魁中，貴人牢名曰天理。」』索隱：『樂汁圖云「天理，理貴人牢」，宋均曰「以理牢獄」也。』正義：『占：明，及其中有星，此貴人下獄也。有句圜十五星，屬杓，曰賤人之牢。其牢中星實則囚多，虛則開出。』索隱：『詩汜歷樞云「賤人牢，一曰天獄」，又樂汁圖云「連營，賤人牢」，宋均以為連營，貫索也。』正義：『貫（星）〔索〕九星在七公前，一曰連索，主法律，禁暴彊，故為賤人牢也。牢口一星為門，欲其開也。占：星悉見則獄事繁，不見則刑務簡，動搖則斧鉞用，中虛則改元，口開則有赦。人主憂，若閉口，及星入牢中，有自繫死者。』

晉書天文志：『天牢六星，在北斗魁下，貴人之牢也。』

按：說文牛部：『牢，閑也，養牛馬圈也，從牛冬省，取其四周帀。』引申之，凡閑罪人者亦曰牢。今則本義亡，而牢獄專其名矣。

左傳襄二十一年傳：『將歸死於尉氏。』注：『尉氏，討姦之官。』疏：『歸死尉氏，猶言歸死於司敗。明尉氏主刑人，故為討姦之官。周禮司寇之屬無尉氏之官，蓋周室既衰，官名改易，於時有此官耳。其司敗亦非周禮之官名也。』漢書地理志『陳留郡。尉氏』注：『應劭曰：「古獄官曰尉氏，鄭之別獄也。」臣瓚曰：「鄭大夫尉氏之邑，故遂以為邑。」師古曰：「鄭大夫尉氏亦以掌獄之官，故為族耳。應說是也。」』

按：據小顏之說，尉氏乃討姦之官，故別有獄。是時欒盈過周西鄙掠之，故有此語。然則尉氏者，蓋巡徼姦宄之官也。

越絕書：『吳獄庭週三里，春中君所造。』

按：黃歇封邑在吳，故於吳造獄。庭三里之大，其訟獄繁多歟？抑規模詳備歟？無可考矣。

北堂書鈔四十五：『東方朔別傳云：孝武皇帝時，上行甘泉，至長陵馳道中，有蟲伏地，而赤如生肝狀。上召朔視之，還曰：「怪哉。」上曰：「何謂也？」朔曰：「秦始皇拘繫無道，悲哀之苦，仰天嘆曰怪哉，感動皇天，此憤氣之所生也，故名之曰怪哉。是地必秦之獄也。」丞相按圖，秦獄也。』

按：憤氣生怪哉，朔其譎諫乎？然氣之所感，實理之所有，勿以別傳而疑之也。

漢書宣紀：『望氣者言長安獄中有天子氣，上遣使分條中都官獄繫者，輕重皆殺之。』注：『師古曰：「中都官，凡京師諸官府也。」』

按：此長安獄通中都官言之，不單指長安縣獄。

『神爵元年』注：『漢儀注：「長安諸官獄三十六所。」』張湯傳注：『漢儀注：「獄二十六所。」』續漢書百官志『廷尉卿』本注曰：『孝武帝以下置中都官獄二十六所，各令長名。』三輔黃圖：『長安城中有獄二十四所。』

按：張湯傳及續志並稱二十六所，宣紀注云三十六所，疑『三』字誤也。黃圖言二十四，與三書皆乖異。至二十六所之名，已無可考，茲就紀傳所見者具錄於左。

宣紀：『曾孫雖在繦褓，猶坐收繫郡邸獄。』注：『如淳曰：「諸郡邸置獄也。」師古曰：「據漢舊儀，郡邸獄治天下郡國上計者，屬大鴻臚。此蓋巫蠱獄繁，收繫者眾，故曾孫寄在郡邸獄。」』孝成趙后傳：『婢六人盡置暴室獄。』宣紀：『為取暴室嗇夫許廣漢女。』注：『應劭曰：「暴室，宮人獄也，今曰薄室。」師古曰：「暴室者，掖庭主織作染練之署，故謂之暴室，取暴曬為名耳。或云薄室者，薄亦暴也。今俗語亦云薄曬。蓋暴室職務既多，因為署獄，主治其罪人，故往往云暴室獄耳。然本非獄名，應說失之矣。」』續漢書百官志：『掖庭令一人，左右丞、暴室丞各一人。』本注曰：『宦者。暴室丞主中婦人疾病者，就此室治。其皇后貴人有罪亦就此室。』

按：漢書百官公卿表有東織、西織，河平元年省東織，更名西織為織室，而無暴室。許後傳言許廣〔漢〕為暴室嗇夫時，宣帝養於掖庭，與廣漢同寺居。顏注『寺者掖庭之官舍』，是暴室屬掖庭，表不具耳。續志暴室屬掖庭，尚仍西京舊制。織室改屬御府令，與掖庭各為一署。應劭謂舊時東、西織室織作文繡郊廟之服。續志考工令主織綬諸雜工，平準令主練染作采色。是織作、染練各有官司，並與暴室無涉。趙后傳明言暴室獄，宋貴人姊妹載送暴室，見清河孝王慶傳，是本有獄也。師古之注不知何據？『暴』字續志不作『薄』。司馬彪所據為世祖後官，必不誤。應劭生東漢季年，乃云『今曰薄室』，或其時有書『暴』作『薄』者，非官名已改也。

成紀：『建始元年，罷上林詔獄。』注：『師古曰：「漢舊儀云，上林詔獄主治苑中禽獸宮館事，屬水衡。」』伍被傳：『又偽為左右都司空、上林中都官詔獄書。』注：『晉灼曰：「百官表宗正有左右都司空，上林有水司空，皆主囚徒官也。」』

按：上林詔獄以伍被傳證之，其官則水司空也。

蕭何傳：『乃下何廷尉，械繫之。』

按：廷尉有獄，漢時大臣多下廷尉。如周勃傳『下廷尉，逮捕勃治之』，周亞夫傳『召詣廷尉』，趙廣漢傳『下廣漢廷尉獄』，王章傳『果下廷尉獄』，皆是。杜周傳『至周為廷尉，詔獄亦益多矣』，又云『廷尉及中都官詔獄逮至六七萬人』，是凡下廷尉者並謂之詔獄。而廷尉之獄又別於中都官諸獄之外，似不在二十六所之數。

（寶）〔竇〕嬰傳：『劾繫都司空。』百官公卿表：『宗正屬官有都司空令丞。』注：『如淳曰：「律，司空主水及罪人。賈誼曰輸之司空，編之徒官。」』漢舊儀：『司空詔獄治列侯二千石，屬宗正。』

按：伍被傳言左右都司空詔獄，是當日宗正有二獄矣。表無『左右』字。嬰之繫都司空，以其為列侯也。

灌夫傳：『有詔劾灌夫罵坐不敬，繫居室。』百官公卿表：『少府屬官有居室令丞，太初元年更名為保宮。』蘇武傳：『陵始降時，忽忽如狂，自痛負漢，加以老母繫保宮。』

按：居室，署名。保宮即居室更名也。

劉輔傳：『上使侍御史收縛輔，繫掖庭祕獄。』注：『師古曰：「漢書舊儀掖庭詔獄令丞宦者為之，主理婦人女官也。」』外戚高祖呂后傳：『為皇太后，迺令永巷囚戚夫人。』孝惠張后傳：『惠帝崩，太子立為帝，四年迺自知非皇后子，出言曰：「太后安能殺吾母而名我，我壯即為所為。」太后聞而患之，恐其作亂，迺幽之永巷。』百官公卿表：『少府屬官有永巷令丞，太初元年更名為掖庭。』

按：永巷、掖庭一獄也，孝成趙后傳有『掖庭獄丞籍武』。

劉輔傳：『上迺徙繫輔共工獄。』注：『蘇林曰：「考工也。」師古曰：「少府之屬官也，亦有詔獄。」』百官公卿表：『少府屬官有考工室，太初元年更名為考工。』

按：考工何時又更名共工，未詳。

張湯傳：『事下廷尉，謁居病死，事連其弟，弟繫導官，湯亦治它囚導官，見謁居弟。』注：『蘇林曰：「漢儀注獄二十六所，導官無獄也。」師古曰：「蘇說非也。導，擇也，以主擇米，故曰導官，事見百官表。時或以諸獄皆滿，故權寄在此署繫之，非本獄所也。」』百官公卿表：『少府屬官有導官令丞。』

按：導官無獄，蘇據漢儀注為說，似導官不在二十六所之內。其書已亡，今無可考。惟謁居事下廷尉，其弟則繫導官，湯為御史大夫而治它囚導官，所囚既非一人，亦不獨廷尉之囚，若本無獄，不應繫者之多，並不論何署之囚，皆可於此署繫之。師古權寄之說，未必然也。

王商傳：『臣請詔謁者召商詣若盧詔獄。』注：『孟康曰：「若盧，獄名，屬少府，黃門北寺是也。」』百官公卿表：『少府屬官有若盧令丞。』注：『服虔曰：「若盧，詔獄也。」鄧展曰：「舊洛陽兩獄，一名若盧，主受親戚婦女。」如淳曰：「若盧，官名也，藏兵器。品令曰若盧郎中二十人，主弩射。漢儀注有若盧獄令，主治庫兵將相大臣。」』王吉傳：『補若盧右丞。』

按：若盧獄主治將相大臣，故張匡請召商詣若盧也。若盧亦二十六所之一。以漢獄通名若盧者，非是。

王嘉傳：『縛嘉載都船詔獄。』百官公卿表：『中尉屬官有寺互、都船令丞。』注：『如淳曰：「漢儀注有寺互、都船獄令，治水官也。」』

按：寺互、都船，二署也，當各有獄。王溫舒為中尉，姦猾窮治，大氐盡靡爛獄中，見溫舒傳。當即用此二獄。

東方朔傳：『昭平君日驕，醉殺主傅，獄繫內官。』百官公卿表：『宗正屬官有內官長丞。』

按：昭平君乃隆慮公主子，故繫於內官。

百官公卿表：『典客屬官有別火令丞。』注：『如淳曰：「漢儀注別火獄令官，主治改火之（爭）〔事〕。」』

漢舊儀：『太子家令獄，太子官，屬太子太傅也。』

漢舊儀：『未央廐獄，主理大廐、三署郎，屬太僕、光祿勳。』

按：此條見初學記二十。唐類函引『大廐』作『六廐』。百官公卿表太僕屬官有大廐、未央、家馬三令，各五丞一尉，是『大』字不誤，太僕所屬廐不止六也。『主理』，北堂書鈔作『主治』，當為漢舊儀原文，徐避唐諱也。大廐屬太僕，三署郎屬光祿勳。北堂書鈔無光祿勳，奪文也。以上三獄他未見。

劉向傳：『章（充）〔交〕公車，人滿北軍。』注：『如淳曰：「漢儀注中壘校尉主北軍壘門內，尉一人主上書者獄。上章於公車，有不如法者，以付北軍尉，北軍尉以法治之。楊惲上書，遂幽北闕。北闕，公車所在。」』

按：此北軍自有獄。

漢舊儀：『東市獄屬京兆尹，西市獄屬左馮翊。』百官公卿表：『京兆尹屬官有長安市、廚兩令丞，左馮翊屬官有長安四市長丞。』

按：此官屬於京兆尹、左馮翊而自為市獄，有市官主之。

北堂書鈔四十五：『振賁獄。漢書云賁於治水舊本作『火』。事，屬水衡尉也。』

按：百官公卿表水衡都尉屬官無『振賁』之文，此條當有譌奪。

賈誼傳：『故貴大臣定有其辠矣，猶未斥然正以謼之也，尚遷就而為之諱也。故其在大譴大何之域者，聞譴何則白冠氂纓，盤水〔加〕劍，造請室而請辠耳，上不執縛係引而行也。』注：『應劭曰：「請室，請罪之室。」蘇林曰：「音絜清。胡公漢官車駕出有請室令在前先驅，此官別有獄也。」』爰盎傳：『及絳侯就國，人上書告以為反，徵繫請室。』史記作『清室』。集解：『應劭曰：「請室，請罪之室，若今鍾下也。」如淳曰：「請室，獄也，若古刑於甸師氏也。」』

按：賈誼所言乃古制，非漢制也。周勃傳言下廷尉，亦無請室之文。然則請室當如應劭之說。漢官有請室令，不言別有獄，蘇林之說恐非。

二十六所之名：曰郡邸，曰暴室，曰上林，曰左右都司空，曰居室，即保宮。曰京兆尹，曰掖庭，即永巷。曰共工，曰導官，曰若盧，曰都船，曰寺互，曰內官，曰別火，曰太子家令，曰未央廄，曰北軍，曰東市，曰西市，可考者凡十九。廷尉詔獄不在此數。北堂書鈔振賁獄疑不能明。亦不數請室，則非漢獄名。

張敞傳：『為京兆尹，坐與光祿勳楊惲厚善，等比皆免，而敞奏獨寢不下。敞使賊捕掾絮舜有所案驗，舜以敞劾奏當免，不肯為敞竟事，私歸其家。人或諫舜，舜曰：「吾為是公盡力多矣，今五日京兆耳，安能復案事？」敞聞舜語，即部吏收舜繫獄。』

按：敞時為京兆尹，此獄當為京兆之獄，不在中都官獄之數。其東、西市獄雖分屬於京兆尹、左馮翊，自有市官主之，或仍為中都官也。

尹賞傳：『賞以三輔高第選守長安令，得壹切便宜從事。賞至，修治長安獄，穿地方深各數丈，致令辟為郭，師古曰：『致謂積累之也。令辟，甎也。郭謂四周之內也。』以大石覆其口，名曰「虎穴」。乃部戶曹掾史，與鄉（里）〔吏〕、亭長、里正、父老、伍人，雜舉長安中輕薄少年惡子，無市籍商販作務，而鮮衣凶服被鎧扞持刀兵者，悉籍記之，得數百人。賞一朝會長安吏，車數百輛，分行收捕，皆劾以通行飲食群盜。賞親閱，見十置一，其餘盡以次內虎穴中，百人為輩，覆以大石。數日壹發視，皆相枕籍死，便輿出，瘞寺門桓東，楬著其姓名，師古曰：『楬，杙也。椓杙於瘞處而書死者名也。楬音竭。』百日後，迺令死者家各自發取其屍。親屬號哭，道路皆歔欷。長安中歌之曰：「安所求子死？桓東少年場。師古曰：『死謂屍也。』生時諒不謹，枯骨後何葬？」』

按：此長安縣獄也，當亦不在中都官獄之數。三輔與中都官，史每分別言之，如中都官徒、三輔徒不相混也。

漢官儀：『綏和元年，罷御史大夫官，法周制，初置司空。議者又以縣道官獄司空，故覆加「大」，為大司空，亦所以別大小之文。』

按：縣道皆有獄，有獄必有官以主之，獄司空其官也。乃百官公卿表及續志並無此名，僅見於應劭之書，未詳其故。

義縱傳：『於是徙縱為定襄太守。縱至，掩定襄獄中重罪二百餘人。』

嚴延年傳：『還為涿郡太守，遣掾蠡吾趙繡按高氏得其死罪。繡見延年新將，心內懼，即為兩劾，欲先白其輕者，觀延年意怒，迺出其重劾。延年已知其如此矣。趙掾至，果白其輕者，延年索懷中，得重劾，即收送獄。』

按：觀此二傳，郡亦有獄，史不具也。

曹參傳：『相齊九年，齊國安集，大稱賢相。蕭何薨，召參，參去，屬其後相曰：「以齊獄市為寄，慎勿擾也。」後相曰：「治無大於此者乎？」參曰：「不然，夫獄市者，所以並容也，今君擾之，奸人安所容乎？吾是以先之。」』注：『孟康曰：「夫獄市者，兼受善惡，若窮極奸人，奸人無所容，竄久且為亂。秦人極刑而天下分畔，孝武峻法而獄繁，此其效也。」師古曰：「老子云：我無為民自化，我好靜民自正。參欲以道化為本，不欲擾其末也。」』

按：參以清靜為治，故以勿擾相告。實則勿擾之端所包者廣，昏暴擾也，明察亦擾也；殘刻擾也，繁碎亦擾也。惟善體感格之意，使人人入於化導之中，斯一獄也而政本基焉。後世知此意者鮮矣。

賈誼傳：『夫嘗已在貴寵之位，天子改容而體貌之矣，吏民嘗俯伏以敬畏之矣，今而有過，帝令廢之可也，退之可也，賜之死可也，滅之可也，若夫束縛之，繫緤之，輸之司寇，編諸徒官，司寇小吏詈罵而榜笞之，殆非所以令眾庶見也。』

周勃傳：『其後人有上書告勃欲反，下廷尉，逮捕勃治之。勃恐，不知置辭，吏稍侵辱之。勃以千金與獄吏，獄吏迺書牘背示之云云。勃既出，曰：「吾嘗將百萬軍，然安知獄吏之貴也！」』

周亞夫傳：『召詣廷尉，廷尉責問曰：「君侯欲反何？」亞夫曰：「臣所買器乃葬器也，何謂反乎？」吏曰：「君縱不欲反地上，即欲反地下耳。」吏侵之益急。初，吏捕亞夫，亞夫欲自殺，其夫人止之，以故不得死。遂入廷尉，因不食五日，歐血而死。』

韓安國傳：『其後安國坐法抵罪，蒙獄吏田甲辱安國。安國曰：「死灰獨不復然乎？」甲曰：「然即溺之。」』

郅都傳：『臨江王徵詣中尉府對簿。臨江王欲得刀筆為書謝上，而都禁吏勿與。魏其侯使人間予臨江王。臨江王既為書謝上，因自殺。』

王溫舒傳：『溫舒多諂，善事有埶者。即無埶，視之如奴。有埶家雖有奸如山，弗犯；無埶雖貴戚，必侵辱。舞文巧，請下戶之猾以動大豪。其治中尉如此。姦猾窮治，大氐盡靡爛獄中。』

司馬遷報任安書：『大上不辱先，其次不辱身，其次不辱理色，其次不辱辭令，其次詘體受辱，其次易服受辱，其次關木索被箠楚受辱，其次鬄毛髮嬰金鐵受辱，其次毀肌膚斷支體受辱，最下腐刑，極矣。傳曰「刑不上大夫」，此言士節不可不厲也。猛虎處深山，百獸震恐，及其在穽檻之中，搖尾而求食，積威約之漸也。故士有畫地為牢埶不入，削木為吏議不對，定計於鮮也。今交手足受木索，暴肌膚受榜箠，幽於圜牆之中，當此之時，見獄吏則頭槍地，視徒隸則心惕息，何者？積威約之埶也。及已至此，言不辱者，所謂彊顏耳，曷貴乎？』

按：漢代獄中情狀，大氐盡於此數事矣。臨江王以故太子迫而自殺，周勃、周亞夫以丞相之貴見辱於獄吏。以貴寵體貌之大臣，小吏得施其詈罵榜笞，積威之漸，子長言之可云痛心。後之論獄者，其亦有哀矜之意乎？

續漢書百官志：『孝武帝以下置中都官獄二十六所，各令長名世祖中興皆省，唯廷尉及雒陽有詔獄。』

按：世祖省併官寺，獄存二所，而時無廢事，因由天下初平，亦政治清明之效。

後漢書和紀：『永元六年秋七月，京師旱。丁巳，幸洛陽寺，寺，官舍也。錄囚徒，舉冤獄，收洛陽令下獄抵罪，司隸校尉、河南尹皆左降，未及還宮而澍雨。』

按：不幸廷尉而幸洛陽寺，殆尋常獄訟皆歸洛陽，不之廷尉也。

『九年十二月己丑，復置若盧獄官。』前書曰『若盧屬少府』，漢舊儀曰『主鞫將相大臣也』。

按：是時將相大臣之獄亦不常見。此殆尋常訟獄漸多，洛陽一獄不能容，故復置一獄以處囚徒，非為將相大臣設也。觀於鄧太后幸洛陽寺及若盧獄可見。

安紀：『永初二年五月，旱。丙寅，皇太后幸洛陽寺及若盧獄，錄囚徒，賜河南尹、廷尉卿及官屬以下各有差。』

按：觀賜河南尹、廷尉卿云云，洛陽寺屬河南尹，若盧屬廷尉，故皆獲賜也。六年五月則但幸洛陽寺，不至若盧，或其時若盧囚少之故。

千乘貞王伉傳：『初，迎立靈帝，道路流言悝恨不得立，欲鈔徵書，而中常侍鄭颯、中黃門董騰並任俠通剽輕，數與悝交通。王甫司察，以為有姦，密告司隸校尉段熲。熹平元年，遂收颯送北寺獄。』注：『北寺，獄名，屬黃門署。前書音義曰「即若盧獄也」。』范滂傳：『滂坐繫黃門北寺獄。』向栩傳：『中常侍張讓讒（諂）〔栩〕，收送黃門北寺獄殺之。』

按：滂傳桓帝使中常侍王甫以次辯詰。北寺屬黃門，故中常侍主其事也。鄭颯宦官，故亦送北寺。孟康謂北寺即若盧。若盧在西京，原屬少府，建武中省，永元中復置，是否仍屬少府，史無明文。安紀錄囚之賜，有廷尉而無少府，似未必仍屬少府。鄧展又謂洛陽兩獄，一名若盧，似又屬河南尹矣。北寺、若盧實非一獄，後書竇武傳自黃門北寺、若盧、都內諸獄繫囚，以北寺與若盧並言，此其證也。宋張方平上論謂漢有亂政，而立黃門北寺之獄。若盧復置於和帝時，漢政尚清明，蓋亦以黃門北寺自為一獄，由於黨事之起也。桓紀延熹八年十一月壬子，德陽殿西閣、黃門北寺火，延及廣義、神虎門。注：『廣義、神虎，洛陽宮西門也。』順紀注：『漢官儀曰，崇賢門內德陽殿北寺與德陽殿同火。』是其署亦在宮門之內。

續志『廷尉卿』注：『漢官曰，獄史二十七人，佐二十六人。』

魯恭傳：『使仁恕掾肥親往廉之。』注：『仁恕掾，主獄，屬河南尹，見漢官儀。』續志注：『漢官曰，河南尹員吏，案獄仁恕三人。』

續志注：『漢官曰，雒陽令獄史五十六人，佐史、鄉佐七十七人。』

後書竇武傳：『有詔原李膺、杜密等。自黃門北寺、若盧、都內諸獄，繫囚罪輕者皆出之。』注：『都內，主藏官名。前書有都內令丞，屬大司農。』

按：都內獄惟見此傳。續百官志大司農屬官亦無都內之名。疑西京本有此獄，後廢，是時復設若盧，乃其比也。

三國志蜀志劉焉傳注：『英雄記曰：範聞父焉為益州牧，董卓所徵發，皆不至。收範兄弟三人，鎖械於郿塢，為陰獄以繫之。』

按：陰獄殆與尋常之制不同，其制不可考。董卓暴虐無道，必殘酷之事。

晉書武紀：『泰始四年十二月，帝臨聽訟觀，錄廷尉、洛陽獄囚，親平決焉。』

按：此晉初京師惟有二獄。

『太康五年六月，初置黃沙獄。』職官志：『晉置治書侍御史員四人，泰始四年又置黃沙獄治書侍御史一人，秩與中丞同，掌詔獄及廷尉不當者皆治之。後並河南，遂省黃沙治書侍御史。及太康中，又省治書侍御史二員。』高光傳：『是時武帝置黃沙獄以典詔囚，以光歷世明法，用為黃沙御史。』劉頌傳：『中正劉友辟公府掾、尚書郎、黃沙御史。』

按：黃沙獄，志言泰始四年置，紀言太康五年。玩志語，黃沙御史太康中已省，紀、志不同。高光為黃沙御史當是初置獄時，光傳一本作『長沙』者誤。劉友作黃沙御史不知在何年。

職官志：『太子家令，主刑獄、穀貨、飲食。縣有獄小史、獄門亭長等員。』

御覽六百四十三：『晉令曰：獄屋皆當完固，厚其草蓐。家人饋餉，獄卒為溫煖傳致。去家遠無餉饋者，悉給廩。獄卒作食，寒者與（食）〔衣〕，疾者給醫藥。』

按：舊本北堂書鈔四十五『蓐』下有『功無令漏濕』五字。

初學記二十：『衛展陳諺言表：「諺言廷尉獄，平如砥，有錢生，無錢死。」此諺之起，死生之出於此法獄也。』

按：晉世諺語如此，今則此風猶未替。古今一轍，言之可慨。

南齊書到撝傳：『撝頗怨望，帝令有司誣奏撝罪，付廷尉，將殺之。撝入獄數宿，鬚鬢皆白，免死，繫尚方。』百官志：『少府屬官有左右尚方令各一人。』

按：南齊時尚方蓋有獄，故撝先繫廷尉，而後尚方也。

王僧虔傳：『郡縣獄相承有上湯殺囚。僧虔上疏言之曰：「湯本以救疾，而實行冤報，或以肆忿。若罪必入重，自有正刑，若去惡宜疾，則應先啟，豈有死生大命而潛制下邑。愚謂治下囚病，必先刺郡，求職司與醫對共診驗，遠縣家人省視，然後處理，可使死者不恨，生者無怨。」上納其言。』

按：上湯殺囚，殘酷已極，當時郡縣之不仁，乃至如是乎！後來獄吏殺囚之事，仍所不免，宋世岳忠武之死，亦出於獄吏之手。哀哉！

梁書武紀：『天監五年夏四月甲寅，初立詔獄。詔建康縣置三官，與廷尉三官分掌獄事，號建康為南獄，廷尉為北獄。』

隋志梁律：『丹陽尹月一詣建康縣，令三官參共錄獄，察斷枉直。其尚書當錄人之月者，與尚書參共錄之。』

按：自建武省中都官獄，但留廷尉及洛陽二所，自是遵以為法，梁武廷尉、建康二所，亦其制也。丹陽尹參錄建康獄囚，可以見丹陽尹不別設獄矣。

『陳氏一用梁法，廷尉寺為北獄，建康縣為南獄，並置正監評。又制，常以三月，侍中、吏部尚書、尚書、三公郎、部都令史、三公錄冤局，令御史中丞、侍御史、蘭臺令史親行京師諸獄及冶署，理察囚徒冤枉。』

魏書孝文紀：『延興三年九月己亥，詔囚罪未分判，在獄致死無近親者，公給衣衾棺櫝葬埋之，不得暴露。』

『太和四年四月乙卯，幸廷尉、籍坊二獄，引見諸囚。詔曰：「廷尉者，天下之平，民命之所懸也。朕得惟刑之恤者，仗獄官之稱其任也。今農時要月，百姓肆力之秋，而愚民陷罪者眾。宜隨輕重決遣，以赴耕耘之業。」九月戊子，詔曰：「隆寒雪降，諸在徽纆及轉輸在都，或有凍餒，朕用潛焉。可遣侍臣詣廷尉獄及有囚之所，周巡省察，饑寒者給以衣食，桎梏者代以輕鎖。」』

孝明紀：『熙平二年正月庚寅，詔囹圄皆令造屋。』

按：元魏京師亦止二獄。

唐志：『凡州縣皆有獄，而京兆、河南獄治京師，其諸司有罪及金吾捕者又有大理獄。諸獄之長官五日一慮囚，夏置漿飲，月一沐之。疾病給醫藥，重者釋械，其家一人入侍，職事散官三品以上婦女子孫二人入侍。歲以正月遣使巡覆，所至閱獄囚杻校糧餉，治不如法者。』

唐六典：『凡京都大理寺、京兆河南府、長安萬年、河南洛陽縣鹹置獄，其餘臺省寺監衛皆不置獄。』

按：唐代京兆河南府皆有獄，長安萬年又皆有獄，京師之獄視六朝時為多。

舊唐書刑法志：『長壽年周興、來俊臣等相次受制，推究大獄。乃於都城麗景門內，別置推事使院，時人謂之「新開獄」。』通考一百六十六：『又置制獄於麗景門內，入是獄者非死不出，人戲呼為「例竟門」。』

按：『例竟』之名可云慘極。則天淫虐，固不可以常理論也。

宋志：『開寶二年五月，帝以暑氣方盛，深念縲繫之苦，乃下手詔：「兩京諸州，令長吏督獄掾，五日一檢視，灑埽獄戶，洗滌杻械，貧不能自存者給飲食，病給醫藥，輕繫即時決遣，毋淹滯。」自是，每仲夏申飭官吏，歲以為常。』

宋志：『官司之獄，在開封有府司、左右軍巡院，在諸司有殿前、馬步軍司及四排岸，外則（二）〔三〕京府司、左右軍巡院，諸州軍院、司理院，下至諸州皆有獄。諸獄皆置樓牖，設漿鋪席，時具沐浴，食令溫煖，寒則給薪炭、衣物，暑則五日一滌枷杻。郡縣則所職之官躬行檢視，獄敝則修之使固。神宗即位初，詔曰：「獄者，民命之所繫也。比聞有司歲考天下之奏，而多瘐死。深惟獄吏並緣為姦，檢視不明，使吾元元橫罹其害。書不云乎：『與其殺不辜，寧失不經。』其具為令：應諸州軍巡司院所禁罪人，一歲在獄病死及二人，五縣以上州歲死三人，開封府司、軍巡歲死七人，推吏、獄卒皆杖六十，增一人則加一等，罪止杖一百。典獄官如推獄，經兩犯即坐從違制。提點刑獄歲終會死者之數上之，中書檢察。死者過多，官吏雖已行罰，當更黜責。」帝以國初廢大理獄非是，元豐元年詔曰：「大理有獄尚矣。今中都官有所劾治，皆寓繫開封諸獄，囚既猥多，難於隔訊，盛夏疾疫，傳致瘐死，或主者異見，歲時不決，朕甚湣焉。其復大理獄，置卿一人，少卿二人，丞四人，專主鞫訊，檢法官二人，主簿一人。應三司、諸寺監吏犯杖笞不俟追究者，聽即決，餘悉送大理獄。其應奏者並令刑部、審刑院詳斷。應天下奏按亦上之。」元祐三年，罷大理寺獄。初，大理置獄，本以囚繫淹滯，俾獄事有所統，而大理卿崔台符等不能奉承德意，雖士大夫若命婦，獄辭小有連逮，輒捕繫。凡邏者所探報，即下之獄。傅會鍛鍊，無不誣服。至是，台符等皆得罪，獄迺罷。八年，中書省言：「昨詔內外，歲終具諸獄囚死之數。而諸路所上，遂以禁繫二十而死一者不具，即歲繫二百人，許以十人獄死，恐州縣弛意獄事，甚非欽恤之意。」詔刑部自今不許輒分禁繫之數。紹聖三年，復置大理寺右治獄，官屬視元豐員，仍增置司直一員。』

按：哲宗紀紹聖二年秋七月，詔大理寺復置右治獄，職官志亦在二年，刑法志作『三年』，恐有誤。宋初，大理寺讞天下奏案而不治獄，神宗始命官起寺，元祐罷之，紹聖復，自是大理終有獄矣。

『初，真宗時以京師刑獄多滯冤，置糾察司，而御史臺獄亦移報之。』『初，群臣犯法，體大者多下御史臺獄，小則開封府、大理寺鞫治焉。』

按：宋史御史臺有獄，蘇軾有以事繫御史臺獄詩。臺獄亦不設獄官，故職官志不詳，僅見於刑法志。後金、元、明皆因之。

哲紀：『紹聖四年四月丁亥，令諸獄置氣樓涼窗，設漿飲薦席，杻械五日一浣，繫囚以時沐浴，遇寒給薪炭。』

章惇傳：『又以文及甫誣語書導蔡渭，使告劉摯、梁燾有逆謀。起同文館獄，命蔡京、安惇、蹇序辰窮治，欲覆諸人家。』

按：通鑑輯覽書此事於元符元年，置獄於同文館。蓋同文館本無獄，特於館中治此獄，其人即羈於此，偶然行之，故亦不他見。

通考一百六十七：『高宗中興，著令暑月每五日一濯枷杻，禁囚因得少休。刑寺遇浣濯之日，輪官一員躬親監視。州縣獄犴不得輒為非法之具，違者論如律。紹興十年，詔諸獄並一更三點下鎖，五更五點開鎖定牢，違者杖八十。獄官令佐不親臨及縣令輒分輪餘官，並徒一年。知通監司覺察按劾。著為令。』

理宗紀：『紹定二年三月辛卯，詔：「郡縣繫囚多瘐死獄中，憲司其具獄官姓名以聞，黜罷之。」』

宋胡太初晝簾緒論治獄篇：『刑獄重事，犴狴惡地也。人一入其中，大者死，小者流，又小者亦杖，寧有白出之理。脫或差誤，胥吏奚恤，其咎必屬之令。縱可逃陽罰，亦必損陰德，詎可不致謹哉。一曰禁繫必審，二曰鞫視必親，三曰牆壁必完，四曰饑寒必究，五曰疾病必察，六曰疑似必辨，七曰出入必防。令每有私忿怒，輒置人於囹，兩爭追會未圓，亦且押下，佐廳亦時有遺至者，謂之寄收。長官多事，漫不暇省，遂致因循淹延。不知一人坐獄，闔戶抱憂，飽煖失時，疾病傳染，殆有甚可慮之事。而有合共處、不合共處者，蓋兩爭若使異牢，則有賂者可使獄吏傳狀稿通信，而無賂者必被其害，孰若使之共處，可以互相察視乎？健訟之徒，樂入囹圄，因得以唆教獄辭，變亂情節，孰若別處一牢而使之不得與餘囚相近乎？羸老之人，必察其〔有〕無疾病，或致沈重，徒見費力。婦人女子，必察其有無娠孕，脫有墮墜，無以自明。此所以禁繫之不可不審也。

在法，鞫勘必長官親臨，今也令多憚煩，率令獄吏自審問，但視成款僉署，便為一定，甚至有獄囚不得一見知縣之面者。不知吏逼求賄賂，視多寡為曲直，非法拷打，何罪不招？今合戒約推款，不得自行訊鞫。公事無大小，必令躬自喚上詰問再三，頑狡不伏，盡情然後量施笞榜。周官有五聽之法，亦有獄情難測，不可專事箠楚也。在法，一更三點，長官親自定牢。今也，聽政無暇則委佐官，飲酒相妨則委典押，不知脫有逃逸，咎將誰執？況吏輩受賂，則雖重囚亦典釋放安寢，無賂，則雖散禁亦必加之縲絏，最不可不躬自檢察。昔熊子復宰暨陽，日間不時趨獄點視，夜則置一鈴，其索直達寢所，夜半掣鈴，獄卒應喏，否則必罰，由是並無不測之虞，最為可法。此所以鞫視之不可不親也。今在在州縣，獄多有積牆敗壁不甚完固者，固當亟加整葺。然重囚姦態萬狀，尤宜深防。每有獄吏受重囚賂，放其自便，日間因以飲水為名，將水潠壁，浸漬泥濕，夜深則鑽壁踰牆，倏然而遁，吏卒睡熟無由知覺，洎覺，則追之已無及矣。此最利害。今當審量罪囚輕重，重者勿使處近壁之匣。牆之上必加以茭，壁之內必夾以板。每五日一次，躬自巡行，相視有不完處，隨加修補。戒飭吏卒，每夜不可止留一人值更，須要每更輪流兩三人，明燭巡視諸牢。次早，令出廳，先詣獄點名，然後僉押文字，日以為常。牆壁之當完者如此。

獄囚合給糧食，自當於經費支破。有因縣道匱乏而責諸吏者，不知官給尚欲減尅，而可使吏供輸乎？寧節他費，此費不可節也。人當日給米二升，鹽菜錢十二文，朝巳晚申，立定程式。獄子聲喏報覆，令躬點視，然後傳入。其有家自送飯者，當即傳與，仍點檢夾帶毒藥、刀仗、鋼鐵器皿、文字之屬。春夏天氣蒸鬱，須與疏其窗櫺，蠲其穢汙，使不至卑濕奧渫，致興疫癘。如稍向寒，便當糊飾戶牖，支給緜炭，使各得溫煖和適，可免疾患。饑寒之當究者如此。不幸獄囚有以疾病告者，將柰何哉？曰此不可不察也。有實病而吏不以告者，有未嘗病而吏誣以告者。蓋吏視囚猶犬豕，不甚經意，初有小病，不加審詰，必待困重方以聞官，甚至死而後告者。若有貲之囚，吏則令其詐病，巧為敷說，以覬責出，漸為免脫之地。此令所當深察。責在推司，日具有無疾病，申令於點視之際，又自躬加審察。如以病告者，且與召醫治療，日申增減。其甚困頓不可支者，然後責令親屬保識前去。若必待病重方始聞官者，推吏必寘於罰。不然萬一死者接踵，憲司歲計人多，令能免咎乎？又不幸獄情有疑似而難明者，將柰何乎？曰此不可不辨也。世固有畏懼監繫，覬欲早出而妄自誣伏者矣；

又有吏務速了，強加拷訊逼令招認者矣；亦有長官自恃己見，妄行臆度，吏輩承順旨意，不容不以為然者矣。不知監繫最不可泛及，拷訊最不可妄加，而臆度之見最不可恃以為是也。史傳所載，耳目所知，以疑似受枉而死而流而伏辜者，何可勝數。諺曰「捉賊須捉贓，捉姦須捉雙」，此雖俚言，極為有道。故凡罪囚供款，必須事事著實，方可憑信。不然萬一逼人於罪，使無辜者受枉罰，令得無憾於心？乃若獄門出入之禁，其責專在當日推司。監牢嚴行拘督，應當日而拋離不到者有罰，吏卒非係在獄而輒入者有罰。令自點察之外，許人告訐。罪人水火茶飯各須有人監臨，事畢即入元處，不得放令閑散。逐牢內門無故不得輒開。若家屬傳送茶飯，不得私令與囚相見，吏卒亦不得因而與之傳遞資訊，漏洩獄情。此皆所當深致其防者也。

夫縣獄與州郡不同，州郡專設一官，故防閑曲盡，縣令期會促迫，財賦煎熬，於獄事每不暇詳謹。罪之小者，縣得自行決遣，罪之大者，雖必申州，而州家亦惟視縣款為之憑據，則縣獄豈不甚重，而令之責任豈容不曲盡其心哉？故愚於此反覆諄復，不嫌於贅。」

按：此篇言獄事可云詳且盡矣。獄之弊防不勝防，獄之治也不易。以州縣兼理，事簡者或能兼顧，事繁者力有未逮，此必然之勢。惟設專官以專理之，庶有責成乎。元代多設專官，其制為勝於古，至今遵行之。

遼志：『穆宗應曆十六年，京師置百尺牢以處繫囚。蓋其即位未久，惑女巫肖古之言，取人膽合延年藥，故殺人頗眾。後悟其詐，以鳴鏑叢射、騎踐殺之。』

按：此非尋常之獄。

金志：『其獄則掘地深廣數丈為之。』

『大定十一年，詔諭有司曰：「應司獄廨舍須近獄，安置囚禁之事常親提控，其獄卒必選年深而信實者輪直。」』

金御史臺有獄，諸節鎮節度使有獄。並詳獄官。

按：金御史臺有獄，因於宋也。其官有獄丞，而大理寺無官，蓋不設獄矣。金節鎮亦設獄，此異於宋者。

元刑部、御史臺並有獄。詳獄官。

按：元代不設大理寺，故獄設於刑部，古制之變自元始，明遂因之。其御史臺設獄則沿宋、金之制。

元史百官志：『大都路兵馬都指揮使司獄司凡三，一置於大都路。 一置於北城兵馬司，通領南城兵馬司獄事。皇慶元年以兩司異禁，遂分置一司於南城。』

元志職制門：『諸郡縣佐貳及幕官，每月分番提牢，三日一親臨點視，其有枉禁及淹延者，即舉問，月終則具囚數牒次官。其在上都囚禁，從留守司提之。』『諸南北兵馬司每月分番提牢，仍令提控案牘兼掌囚禁。』『諸鹽運司監收鹽徒，每月佐貳官分番董視，與有司同。』

按：分番提牢，是其時獄無專官也。惟南北兵馬有司獄司，何以亦分番提牢，未詳其故。

又恤刑門：『諸獄囚必輕重異處，男女異室，毋或參雜。司獄致其慎，獄卒去其虐，提牢官盡其誠。諸在禁囚徒無親屬供給，或有親屬而貧不能給者，日給倉米一升。三升之中給粟一升，以食有疾者。凡油炭席薦之屬，各以時具。其饑寒而衣糧不繼，疾患而醫療不時，致非理死損者，坐有司罪。諸各處司獄司看守囚徒，夜支清油一斤。諸路府州縣但停囚去處，於鼠耗糧內放支囚糧。諸在禁無家屬囚徒，歲十二月至於正月，給羊皮為披蓋袴韈及薪草為煖匣燻炕之用。諸獄醫，囚之司命，必試而後用之。若有弗稱，坐掌醫及提調官之罪。諸獄囚病至二分申報，漸增至九分為死證。若以重為輕，以急為緩，誤傷人命者，究之。諸獄囚有病，主司驗實給醫藥。病重者去枷杻，聽家人入侍。職事散官五品以上，聽二人入侍。犯惡逆以上及強盜至死、奴婢殺主者，給醫藥而已。諸有司在禁囚徒，饑寒衣食不時，病不督醫看候，不脫枷杻，不令親人入侍，一歲之內死至十人以上者，正官笞二十七，次官三十七，還職；首領官四十七，罷職別敘，記過。』

按：元於通制內特立『恤刑』一門，頗為周至。大抵立法者無不規其善，所患用法者多違之耳。

明刑部、都察院並有獄。詳獄官。

按：明刑部、都察院並有獄。都察院即御史臺，承元制也。大理寺掌審讞平反，凡刑部、都察院、五軍斷事官所推問獄訟，皆移案牘，引囚徒，詣寺詳讞，其職但主覆審，故無獄。

順天府、應天府、各府州縣並有獄。詳獄官。

刑法志：『洪武十七年，建三法司於太平門外，鍾山之陰，命曰「貫城」。下敕言：「貫索七星如貫珠，環而成象，名天牢。中虛則刑平，官無邪私，故獄無囚人，貫內空。中有星或數枚者即刑繁，刑官非其人。有星而明為貴人無罪而獄。今法天道置法司，爾諸司其各慎乃事，法天道行之，令貫索中虛，庶不負朕肇建之意。」』

『嘉靖六年，給事中周瑯言：「比者獄吏苛刻，犯無輕重，概加幽繫，案無新故，動引歲時，意喻色授之間，論奏未成，囚骨已糜。又況偏州下邑，督察不及，姦吏悍卒倚獄為市，或扼其飲食以困之，或徙之穢溷以苦之，備諸痛楚，十不一生。臣觀律令所載，凡逮繫囚犯，老疾必散收，輕重以類分，枷杻薦席必以時飭，涼漿煖匣必以時備，無家者給之衣服，有疾者予之醫藥，淹禁有科，疏決有詔。此祖宗良法美意，宜敕臣下同為奉行。凡逮繫日月並已竟未竟疾病、死亡者，各載文冊申報，長吏較其結竟之遲速，病故之多寡，以為功罪而黜陟之。」帝深然其言。』

『獄囚貧不自給者，洪武十五年定制，人給米日一升。二十四年革去。正統二年以侍郎何文淵言，詔如舊，且令有贓罰敝衣得分給。成化十二年，令有司買藥餌送部，又廣設惠民藥局療治囚人。至正德十四年，囚犯煤油、藥料皆設額銀定數。嘉靖六年，以運炭等有力罪囚折色糴米，上本部倉，每年約五百石，乃停收。歲各給棉衣袴各一事，提牢主事驗給之。』

『東廠之設，始於成祖。錦衣衛之獄，太祖嘗用之，後已禁止，其復用亦自永樂。時廠與衛相倚，故言者並稱「廠衛」。』

『錦衣衛獄者，世所稱「詔獄」也。古者獄訟掌於司寇而已，漢武帝始置詔獄二十六所，歷代因革不常。五代唐明宗設侍衛親軍馬步軍都指揮使，乃天子自將之名。至漢有侍禦司獄，凡大事皆決焉。明錦衣衛獄近之，幽縶慘酷，害無甚於此者。太祖時，天下重罪逮至京者，收繫獄中，數更大獄，多所斷治，所誅殺為多，後焚衛刑具，以囚送刑部審理。二十六年申明其禁，詔內外獄毋得上錦衣衛，大小咸經法司。成祖幸紀綱，令治錦衣親兵，復典詔獄，綱遂用其黨莊敬、袁江、王兼、李春等，緣借作姦，數百千端。久之族綱，而錦衣典詔獄如故，廢洪武詔不用矣。』

『鎮撫司職理獄訟，初止立一司，與外衛等。洪武十五年添設北司，而以軍匠諸職掌屬之南鎮撫司，於是北司專理詔獄。』

『初，衛獄附衛治，至門達掌問刑，又於城西設獄舍，拘繫狼籍。達敗，用御史呂洪言毀之。』

按：前明衛獄以聽斷之權授諸武夫，而又與奄豎相倚，其冤慘何可勝言。洵一代之秕政，為古今所無者。斯禍之延，實由成祖。

明會典：『凡提牢，刑部每月箚委主事一員接管。先五日，舊提牢官將提牢須知封送接管官看閱，至日，將囚數並一應煤米等項文簿呈堂查驗，批發新提牢官管理。除朔望日陞堂及有事稟堂外，餘日不得擅出。專一點說獄囚，關防出入，提督司獄司官吏鈐轄獄卒晝夜巡邏，稽查收支月糧煤油，修理獄具什物，查理病囚醫藥，禁革獄中一應弊端，每日仍會同巡風官點視封監。凡各府司獄，專管囚禁，如有冤濫，許令檢舉申明，如本府不准，直申憲司，各衙門不許差占。府州縣牢獄，仍委佐貳官一員提調。其男女罪囚，須要各另監禁，司獄官常切點視，州縣無司獄去處，提牢官點視。若獄囚患病，即申提牢官驗實，給藥治療。除死罪枷杻外，其餘徒、流、杖罪囚人病重者，開疏枷杻，令親人入視；笞罪以下，保管在外醫治，病痊依律斷決，如事未完者，復收入禁，即與歸結。』

『洪武元年令：「禁繫囚徒年七十以上、十五以下、廢疾散收，輕重不許混雜。枷杻常須洗滌，席薦常須鋪置，冬設煖匣，夏備涼漿。無家屬者日給倉米一升，各給綿衣一件，夜給燈油，病給醫藥，並令於本處有司係官錢糧內支（破）〔放〕，獄司預期申明關給，毋致缺誤。有官者犯私罪，除死罪外，徒、流鎖收，杖以下皆散收。司獄常切拘鈐獄卒，不得苦楚囚人。提牢官不時點視，違者禁子嚴行斷罪，獄官申達上司究治。」』

『洪武二十六年，定凡刑部見問囚人，設置司獄司監禁。每月山東司案呈，差委主事一員，躬親提調一應牢獄。各部每夜又各委官各點本部囚數，應押而押，應枷杻而枷杻，應鎖鐐而鎖鐐，將監門牢固封鎖，其總提牢官將鎖匙拘收，督令司獄輪撥獄卒直更提鈴。至天明，各提牢官將監門鎖封看訖，令司獄於總提牢官處關領鎖匙，眼同開鎖，照依各部取囚勘合內名數點放出監，各該獄卒管押赴部，問畢隨即押回收監，頃刻不得擅離左右。務要內情不得外出，外情不得內入，使人知幽囚困苦之狀，以頓挫其頑心。又行提督司獄人等，常加潔淨，不致刑具顛倒，獄囚飯食，以時接遞，毋得作弊刁蹬。其有冤抑不伸及淹禁日久不與決者，提牢官審察明白，呈堂整治。』

『成祖永樂元年，按月箚委主事一員提調牢獄。每（月）〔日〕公同本部巡風官點視（寺）〔封〕監，督令司獄人等嚴謹巡守。至明，查照各司取囚票帖，判送司獄司，點付皁隸押至該司，問畢送監。』

『世宗嘉靖四十三年，題准：「凡撫按審錄重囚已經奉有決單者，悉照京師會官熱審事例，不必再拘證，先查始末文卷，止將見禁囚犯送審。除情真外，如果情罪的可矜疑者，即為奏請定奪。若有異詞相應再問者，案行守巡道轉委府州縣正官或推官，就近拘取原證，再審明確，務要立限速完，不許動延時月。若原證年遠不存，即便明白聲說，不許混提家屬。各府州縣問官不許轉批首領等官，以滋繁擾。各該證只暫候，不許一概混監。撫按守巡官嚴加禁約，違者參奏處治。」』

明律捕亡門：『獄囚脫監及反獄在逃。』纂注：『由門而逃曰「脫監」，踰牆而逃曰「越獄」。』

按：古者獄無監名，稱獄為監，蓋自明律始，今則通稱為監矣。漢書王尊傳：『署守屬監獄。』師古曰：『署為守屬，令監獄主囚也。』是監者監察之義，而獄之名監，即原於此。

南史扶桑傳：『扶桑國法有南、北獄，若有犯輕罪者入南獄，重罪入北獄，有赦則放南獄，不放北獄。』

後記

一九二二年，紅學家俞平伯著《後三十回的紅樓夢》（載《小說月報》第十三卷第八期），首先研究了有關中國獄神廟的脂批。紅學家們從此對紅學與脂評的學術研究，即一發不可收；斷斷續續，在九十年間，人們圍繞中國歷史上存在了兩千多年，曾遍佈全國各地的獄神廟，引爆了一場激烈的爭論。結果是國內外紅學家，都未能接受雙方不同的看法。至一九七〇年，美國趙岡教授，在其《紅樓夢新探險》一書中，重又提到這場爭論並將獄神廟當作有廟會活動、受人參拜的普通廟宇，還認為賈寶玉沒有理由，有入獄神廟結果。對這些各據史實的爭論，其認真的程度和歷時之久，可堪稱中國獄神廟史上的重要事件。

獄神廟，是封建社會設在監獄中的神廟。當人們可以隨意去任何地方的廟宇燒香拜佛，唯獨建在中國縣級行政區域內，那特殊而神秘的獄神廟，絕大部分人，可說終生不得一見，亦很少有人進出。

我國獄神廟的建造和誕生，可以從歷史上追溯到秦漢之間，一直延續了兩千年歷史，到了清末民初時期，從神州大地一下子就消失得無影無蹤了。在這漫長的歷史過程中，幾乎沒有留下有關這方面的著作，抑或有零星的片言隻語的考證記錄，也是寥若晨星。由於它涉及到中國封建社會監獄文化範疇，它的神秘性和忌諱性沒有人去注意，甚或無人問津。

獄神廟的原創作用，作者認為最早是在獄中讓犯人用於祭神。如《後漢書・范滂傳》，曾記載：「范滂坐繫黃門北寺獄，獄吏謂曰：『凡坐繫皆祭皋陶』。滂曰：『皋陶賢者，古之直臣，知滂無罪，將理之於帝，如其有罪，祭之何益！』」。從這記錄，我們可知中國古代凡入獄的犯人，必先祭獄神皋陶。但歷史上的獄神廟，在明清之際，就逐漸改變了這種性質。獄神廟內可以有優待室，並可用權錢交換這種特殊的優待，這也遂成了貿利斂財的產物。鑒於此，在中國歷史上，能延續得這麼悠久的獄神廟及獄神，無疑是研究中國封建社會監獄文化史上的一個重要課題，值得史學界及相關的邊緣科學工作者，深入探討和研究。特別對中國獄神廟的產生極其沿革的歷史，獄神及獄神廟的性質和功能的演變，以及紅學家對此產生的一些爭論。本著這種精神，作者在書中提供了一些有興味的探索和答案，以起到拋磚引玉之用。

一九九八年第七期《讀書》雜誌發表了我的《獄神廟聞錄》一文後，在讀書界引起了對此課題的廣泛關注和興趣，爾後《讀書》不惜版面之限，接連發了三期對中國獄神廟的討論文稿，據編輯告知，陸續又收到許多讀者的來稿。這說明讀者對此課題的興趣和愛好。於此，我花了很多時間，把多年來一直在搜集和閱讀的有關資料，整理撰寫了《中國的獄神廟》一書，真誠地奉獻給廣大讀者。

最令我欣慰的是：當我把此著作撰寫完畢之際，正值新世紀的初年之際，一個夏天，適逢北京三聯書店給我郵寄了二十世紀最有影響的法國思想家傅柯的一本重要著作《規訓與懲罰》（又名《監獄的誕生》），讀完傅柯先生的這本書，真有「殊途同歸」之感。雖然，我的書沒有傅柯從理論與哲學上寫得那麼完整，但旨在論述和探討人們靈魂與權力之間的相互關係，其在內涵上有他們的同一性。

當然，傅柯是世界著名的思想大家，不才無法與之相比，可對此課題研究探討的選擇上，以及對人類的共同關懷上，卻有許多共同之處。我們找到和寫出了共同感興趣的主題，只不過國家的不同，表述的形式和方法不同，對此，我相信有眼光的讀者，自能對兩書作出賞析。

此書，雖說包含著我多年的思考、研究和探索，但它畢竟只能算作是一個初淺的探索和研究，還有待於從事這方面工作的專家、學者進一步充實這一課題的史實，並期待著史學界前輩和研究者們，對本書提出批評和指正，那麼，這將使我感到十分欣慰，同時將使我對此課題的研究，產生一個新的起點。

寫畢於二〇〇〇年九月

修訂於二〇一三年十一月

新銳文叢37　PC0404

新銳文創
INDEPENDENT & UNIQUE

古代獄中的神廟
——探源・考究・解密

作　　者　張建智
主　　編　蔡登山
責任編輯　廖妘甄
圖文排版　周妤靜
封面設計　陳佩蓉

出版策劃　新銳文創
發 行 人　宋政坤
法律顧問　毛國樑　律師
製作發行　秀威資訊科技股份有限公司
114 台北市內湖區瑞光路76巷65號1樓
電話：+886-2-2796-3638　傳真：+886-2-2796-1377
服務信箱：service@showwe.com.tw
http://www.showwe.com.tw
郵政劃撥　19563868　戶名：秀威資訊科技股份有限公司
展售門市　國家書店【松江門市】
104 台北市中山區松江路209號1樓
電話：+886-2-2518-0207　傳真：+886-2-2518-0778
網路訂購　秀威網路書店：http://www.bodbooks.com.tw
國家網路書店：http://www.govbooks.com.tw

出版日期　2014年8月　BOD一版
定　　價　420元

Printed in Taiwan

國家圖書館出版品預行編目

古代獄中的神廟：探源. 考究. 解密 / 張建智著. -- 一版.
-- 臺北市：新銳文創, 2014.08
面； 公分. -- (新銳文叢；PC0404)
BOD版
ISBN 978-986-5716-23-3 (平裝)

1. 中國法制史 2. 監獄

580.92 103014421

讀者回函卡

感謝您購買本書，為提升服務品質，請填妥以下資料，將讀者回函卡直接寄回或傳真本公司，收到您的寶貴意見後，我們會收藏記錄及檢討，謝謝！

如您需要了解本公司最新出版書目、購書優惠或企劃活動，歡迎您上網查詢或下載相關資料：http:// www.showwe.com.tw

您購買的書名：________________________________

出生日期：________年________月________日

學歷：□高中（含）以下　□大專　□研究所（含）以上

職業：□製造業　□金融業　□資訊業　□軍警　□傳播業　□自由業

□服務業　□公務員　□教職　□學生　□家管　□其它____

購書地點：□網路書店　□實體書店　□書展　□郵購　□贈閱　□其他

您從何得知本書的消息？

□網路書店　□實體書店　□網路搜尋　□電子報　□書訊　□雜誌

□傳播媒體　□親友推薦　□網站推薦　□部落格　□其他__________

您對本書的評價：（請填代號　1.非常滿意　2.滿意　3.尚可　4.再改進）

封面設計____　版面編排____　內容____　文／譯筆____　價格____

讀完書後您覺得：

□很有收穫　□有收穫　□收穫不多　□沒收穫

對我們的建議：________________________________

____

____

____

請貼
郵票

11466
台北市內湖區瑞光路 76 巷 65 號 1 樓
秀威資訊科技股份有限公司 收
BOD 數位出版事業部

....

（請沿線對折寄回，謝謝！）

姓　　名：＿＿＿＿＿＿＿＿＿＿ 年齡：＿＿＿＿ 性別：□女　□男

郵遞區號：□□□□□

地　　址：＿＿＿＿＿＿＿＿＿＿＿＿＿＿＿＿＿＿＿＿＿＿＿＿

聯絡電話：(日)＿＿＿＿＿＿＿＿＿＿ (夜)＿＿＿＿＿＿＿＿＿＿

E-mail：＿＿＿＿＿＿＿＿＿＿＿＿＿＿＿＿＿＿＿＿＿＿＿＿